南懷瑾文化

# 孟子與盡心篇

南懷瑾 講述

# 出版說明

《孟子》的〈盡心〉篇，是全書的最後一篇，也是全部《孟子》的結論，更是《孟子》的重要中心思想。

孟子認爲，仁道就是人道，而人道是以心爲中心的，所以盡其心就是這個道。

孟子講到性與命的問題，命功是由修養可得；而性功則要識見透澈，屬於智慧方面的成就。

孟子將性與命雙修的道理，解釋得十分具體，十分透澈；更將內聖外王之學，表達得充分無遺。

在這一篇中，孟子更說到民主的問題，所謂的「民爲貴」，並不是民爲主；孟子的思想，是以民主爲基礎，而以君主制度，實施民主精神的管理。孟子這種想法，似乎是以民爲本的，可以稱爲民本制度。

孟子也感嘆專才多，通才少的問題，專才與專才之間，溝通不易，管理需要的不是專才，而是善於溝通意見，協調各方的通才。

二〇一一年的春季，在《孟子》的七篇之中，有尚未出版的三篇（〈滕文公〉〈告子〉〈盡心〉），已全部整理完畢，等待南師懷瑾先生的審閱。但那時先生已眼力欠佳，閱讀不太可能，無奈之下，即由宏忍師於每日中午時分，給先生唸〈盡心〉篇整理文稿數頁，先生則隨時訂正，連續兩月始告完畢。

之後，先生稍有空閒，再由牟煉代唸〈告子〉篇的整理文稿，本擬仍按《孟子》原書次序〈滕文公〉〈告子〉〈盡心〉，陸續出版。無奈先生忽於二〇一二年九月辭世，環境人事接連大變，只能望洋興嘆。

現先生辭世已過一年，此篇先行面世，其餘兩篇，亦將接續印行出版，以圓滿先生講解《孟子》之深意。

劉雨虹 記，二〇一四年三月廟港

contents

## 下篇

上篇

# 十六字心傳

現在我們討論《孟子》最後一章〈盡心〉，這是孟子整個學術思想的中心，也就是後世所謂的孔孟心傳，是構成中國文化中心思想之一。這一貫的中心思想，絕對是中國的，是遠從五千年前，一直流傳到現在的，沒有絲毫外來的學說思想成份。所以後世特別提出，中國聖人之道就是「內聖外王」之道的心傳。歷史上有根據的記載，是在《尚書．大禹謨》上，其中有舜傳給大禹的十六個字：「人心惟危，道心惟微，惟精惟一，允執厥中」。在一兩千年之後，到了唐宋的階段，就有所謂的「傳心法要」；這是佛學進入中國之前的一千多年，儒道兩家還沒有分開時的思想。當時聖人之所以為聖人，就是因為得道；那時所謂道的中心，就是「心法」。

這十六字的心傳，含義非常廣泛。我國的文字，在古代非常簡練，一個字一個音就是一個句子，代表了一個觀念。外國文字，則往往是用好幾個音拼成一個字，或一個辭句，表達一個觀念。這只是語言、文字的表達方式不同，而不是好壞優劣的差異。

中國古代人讀書，八歲開始讀書識字，這樣叫做「小學」，就是認字。例如「人」字，古文中怎樣寫？為什麼要這樣寫？代表什麼觀念？如何讀音？有時候，一個字代表了幾種觀念，也有幾種不同的讀音。所以中國的文字，任何學者、文豪，能認識二三千字以上的，已經是不得了啦！普通認得一兩千字就夠用了。外國文字則不然，每一新的事物，必須創造一個音、形皆不同的新字，所以現在外文的單字，以數十萬計。過去「小學」的基本功課，是先認識單字的內涵，其中有所謂「六書」的意義。什麼叫六書呢？就是「象形、指事、形聲、會意、轉注、假借」，這六種是中國傳統文字內涵的重點。現在讀書，已經不先研讀「小學」六書了，不從文字所代表的思想、觀念的含義打基礎，對於「小學」的教學，完全不再下基本功夫了。

「人心惟危」的惟字，在這裡是一個介辭，它的作用，只是把「人心」與「危」上下兩個辭連接起來，而本身這個惟字，並不含其它意義。例如我們平時說話：「青的嗯……山脈」這個拖長的「嗯……」並不具意義。至於下面的「危」字，是「危險」的意思，也有「正」的意思，如常說的「正襟危坐」的「危」，意思就是端正。而危險與端正，看起來好像相反，其實是一樣的，端端正正的站在高處，是相當危險的。也因爲如此，外國人認起中國字來，會覺得麻煩，但眞正依六書的方法，以「小學」功夫去研究中國字的人，越研究越有趣。如上一代章太炎這類的大師們，就具備了這種基礎功夫，鑽進去就不肯退出來。現代人寫的文章，不通的很多，連破音字都不懂，都用錯了。

《尙書》裡說「人心惟危」，就是說人的心思變化多端，往往惡念多於善念，非常可怕。那麼如何把惡念變成善念，把邪念轉成正念，把壞的念頭轉成好的念頭呢？怎麼樣使「人心」變成「道心」呢？這一步學問的功夫是很微妙的，一般人很難自我反省觀察清楚。如果能夠觀察清楚，就是聖賢學問之道，也就是眞正夠得上人之所以爲人之道。所以道家稱這種人爲眞人，《莊子》裡經常用到眞人這個名辭；換言之，未得道的人，只是一個人的空架子而已。

人心轉過來就是「道心」。「道心」又是什麼樣子呢？「道心惟微」，微妙得很，看不見，摸不著，無形象，在在處處都是。舜傳給大禹修養道心的方法，就是「惟精惟一」，只有專精。堯舜所說的這個心法，一直流傳下來，但並不像現在人說的要打坐；或佛家說修戒、定、慧，以及道家說煉氣、煉丹修道那個樣子。

什麼叫做「惟精惟一」？發揮起來就夠多了。古人爲了解釋這幾個字，就有十幾萬字的一本著作。簡單說來，就是專一，也就是佛家所說的「制心一處，無事不辦」或「一心不亂」，乃至所說的戒、定、慧。這些都是專一來的，也都是修養的基本功夫。後來道家常用「精一」兩個字，不帶宗教的色彩。「精」、「一」就是修道的境界，把自己的思想、情感這種「人心」，轉化爲「道心」；達到了精一的極點時，就可以體會到「道心」是什麼，也就是天人合一之道。而這個「天」，是指形而上的本體與形而下的萬有本能。

得了道以後，不能沒有「用」。倘使得了道，只是兩腿一盤，坐在那裡打坐，紋風不動，那就是「唯坐唯腿」了。所以得道以後，還要起用，能夠作人做事，而在作人做事上，就要「允執厥中」，取其中道。怎麼樣才算是「中道」呢？就是不著空不著有。這是一個大問題，在這裡無法詳細說明，只能做一個初步的簡略介紹。

中國流傳的道統文化，就是這十六字心傳，堯傳給舜，舜傳給禹。後世所說的，堯、舜、禹、湯、文、武、周公、孔子，一直到孔子的學生曾子、孔子的孫子子思，再到孟子，都是走這個道統的路線。以後講思想學說，也都是這一方面。但不要忘記，這個道統路線，與世界其他各國民族文化，是不同的，中國道統，是人道與形而上的天道合一，叫做天人合一，是入世與出世的合一，政教的合一，不能分開。出世是內聖之道，入世是外用，能誠意、正心、修身、齊家、治國、平天下，有具體的事功貢獻於社會人類，這就是聖人之用。所以上古的聖人伏羲、神農、黃帝，都是我們中華民族的共祖，他們一路下來，都是走的「內聖外王」之道。

到了周文王、武王以後，「內聖外王」分開了，內聖之道就是師道，是傳道的人，外用之道走入了君道。其實中國政治哲學思想，君道應該是「作之君，作之師，作之親」的；等於說君王同時是全民的領導人，也是教化之主，更是全民的大家長，所以說是政教合一的。

**孟子曰：「盡其心者，知其性也。知其性，則知天矣。存其心，養其性，所以事天也。殀壽不貳，修身以俟之，所以立命也。」**

# 盡心 動心 知性 忍性

《孟子》全書快研究完了，從前面各章的記載中，我們可以看得出來，孟子始終沒有出來做官，沒有擔任職務；他是以師道自居，指導當時的諸侯們，走上王道的政教合一之路，以達到人文文化的最高點。由於歷史的演變，人心的墮落，無可奈何，使他的這個願望落空了。不過他個人並沒有落空，他的光芒永存於千秋萬代，和其他的教主一樣，永不衰竭。

現在最後一章，是他在講完外用之道以後，講傳心的心法。孟子之所以成爲聖人，因爲他有傳心的心法，因此，〈盡心〉這一章書，非常重要。這一章以〈盡心〉爲篇名，是以全章第一句話作題目，正是扼要點明重點之所在。

他一開頭就說：「**盡其心者，知其性也。知其性，則知天矣**」，這幾句話，就非常重要了，認眞研究起來，十幾年也不能研究完，也許一輩子都鑽在其中了。

我們先從文字上研究，什麼叫做「盡心」？大家平常都會講的一句話：對這件事已「盡心」了；就是說，一件事情做完以後，成敗是另一問題，而去做的人，心總算盡到了。也就是用了所有的精神、心思去做，「盡」就是到底了、到盡頭了。依這個觀念來解釋孟子的話，就是我們把自心的作用，已反省觀察到底，然後可以發現人性是什麼了。

後來佛學進到中國，禪宗提倡的「明心見性」，也同這裡的「盡心知性」的觀念有關。佛學的《楞嚴經》所說的「七處徵心」、「八還辨見」，把明心與見性，分爲兩個層次來解說。乃至玄奘法師所宏揚的唯識法相的最高成就「遺相證性」，也是把心與性分做兩個層次。孟子生活的時代，佛法還沒有進到中國，佛法正式進入中國，是在孟子之後八九百年到千年之間。所以孟子是在佛法進來以前，就已經提出來先要「**盡其心**」，把自己心的根源找出來，然後才可以「**知其性**」。這是「明心見性」這個辭句的根源，能夠「**盡其心**」「**知其性**」，就可以「**知天**」。「**天**」，不是老太太們說「上天保佑」的天，也不是太空科學所研究的那個天象的天，而是包括了形而上的本體與形而下的萬有作用；也等於佛法所說整體法界的代號，學問之道就在這裡。

在儒家的「盡心知性」學說中，孟子的修養工夫是「動心忍性」，這就是作人做事的修養。「盡心知性」也可以說是靜定的境界，是整個修行的原則與工夫。例如遭受打擊時，在修養中的人，能把受打擊的痛苦和煩惱的心理摒除，這只是有一點修養，一點學問而已，還不算數；要把煩惱的心理淨化了，不相干了，才算有一點修行工夫。在儒家來說，才算有一點學問修養的境界了。

什麼是「動心」？遇到事故時，在動心起念之間所具有的定力、智慧，所到達的程度；「忍性」則是絕對的大定，借用佛學一個名辭來說，就是如來大定。例如有一件事，碰到一個人太過分要求，自己恨不得一刀把他殺了，但該不該殺？可不可殺？能不能殺？這之間就看動心忍性的工夫了。他的行爲也該殺，但在我這方面，不該去殺他，他雖對我不起，但我要對他仁慈、要感化他；可是自己又無法感化他，這些都是動心忍性的眞實工夫，並不只是空洞的理論而已。

所以前面孟子就說：「故天將降大任於是人也，必先苦其心志，勞其筋骨，餓其體膚，空乏其身，行拂亂其所爲，所以動心忍性，增益其所不能」。一個人要想修養到動心忍性，如果沒有經過種種苦難的磨練，是做不到的。所以聖賢之學，不是輕易可以得來的。

青年人學佛修道，就想盤腿打坐，以爲便能成道當聖人；那不是聖人而是「剩人」，剩下來多餘的人，從人類中揀出來不要的人。連作一個普通的正人都很難夠標準，何況成爲那個「聖人」！因爲我們在動心忍性之間，對於推己及人，仁民愛物，就像佛家所說的慈、悲、喜、捨等等，而且不但要「仁民」——愛人、對人慈悲，還要愛一切萬物，就像佛家的慈愛眾生一樣，是眞正難做到的事。

動心忍性是道的用，道的體是「盡心知性」。後來佛法進入中國，叫做「明心見性」；到了漢朝以後儒道分家了，道家叫做「修心煉性」。性要鍛煉，等於佛家禪宗所說的「就是這個」，得道是「這個」，跌倒是「這個」，爬起來也是「這個」。「這個」是什麼?說是悟了，就像一塊石頭裡面含有金子，也就是從金礦裡挖出來的石頭，裡面可能有金子。可是幾千億萬年，無數劫以來，金子被泥土裹住了，黃金和泥土混在一起，必須經過一番烈火的鍛煉，才能把光亮的黃金從中取出來，而將泥土——這些習氣，化爲灰燼。所以道家說要「修心煉性」，先要修煉，在動心忍性或明心見性之間，不經過修煉是不行的。

儒家的修煉爲「存心養性」，孟子這裡說：「**存其心，養其性，所以事天也**」，存的是什麼心?存一個仁心、善良之心，一個純淨無瑕，猶如萬里青天無片雲的天理之心。而養性，把人性原來善良的一面，加以培養、擴大、成長。所以後世儒家闡述，在起心應用上，要做到「親親，仁民，愛物」，這是儒家和佛家各自表述不同的要點。

# 佛法儒化　儒學佛化

儒家和佛家，在這方面，曾經發生過有趣的辯論。佛家指儒家這樣行仁道是不錯的，不過如果說想要成佛成道，還差一大截路。

可是儒家不接受這個說法，主張聖人做到了就是佛，佛也不過是聖人，雙方發生了辯論，實際上只是著手的工夫不同。儒家說，你們佛家，動輒講空，空到沒有捉摸處，下不了手，用不上力，只知道空；又沒有辦法使人類世界達到空，於是丟下這個世界不管，出家去了。這種只為一己修道，六親不認的做法，是不對的。

儒家又說，你們雖然講究慈悲，可是實施慈悲的下手方法也錯誤了。我們儒家則不然，我們講究仁，我們的慈悲有三部曲，是以「親親」為先，首先對自己的父母盡到了孝道，對自己的兒女慈悲。這些都做到了，再慈悲朋友的父母子女，「老吾老以及人之老，幼吾幼以及人之幼」。將慈悲的對象範圍逐漸擴大到愛天下人，而成爲「仁民」，視天下人都是自己的兄弟，都是同胞。這樣推己及人的工夫都做到了，於是「民胞物與」，最後是「愛物」，愛世界一切萬物，一步一步來。像你們這種慈悲，試問：假如釋迦牟尼佛站在河邊，孔子的母親與他的母親同時掉到河裡去了，請問釋迦牟尼先救誰？如果先將孔子的母親救起來，那是不孝；如果先把自己的母親救起來，照你們的說法，又是太不慈悲了，孔子的母親也是母親啊！

我們儒家的做法很簡單，假如站在河邊的是孔子，一定跳到河中，先救起自己的母親，然後再返身跳下去，救起釋迦牟尼的母親。這是非常簡單明瞭的事，也就是親吾親以及人之親。

這一套理論，佛家就很難置辯了。除非說，佛有神通，不必自己跳下水去，兩手向空中一抓，就同時把兩個母親救上來了。但是在儒家，先愛自己的父母，然後愛你的父母，你也愛我的父母，兩人共同愛兩人的父母，然後又共同愛第三人的父母，將這種愛，擴大、擴大、再擴大，於是擴大到仁民。所有人類都相親相愛，最後愛物，不但愛一切動物，甚至草木土石都愛。像你們佛家所說的，是無比的大，一上來就是一個空，反而落空了。

不知道誰的道理對，所以我不喜歡高談法理，如果做了法官，聽聽原告說的對，再聽被告說的也不錯，永遠也判決不了，這就是各說各有理。但是我們要注意，在中國的歷史上，歷代的高僧，都是先走儒家的路子，然後在佛法方面才能夠有所成就。即如近代的高僧印光法師，他的著作擺在我們眼前，文句多半出於儒家的精神，但他的教化則是佛家的，可以稱之爲「佛法儒化，儒學佛化」了。虛雲老和尚也是如此，有儒道的底子，對儒家的學問也很透澈。再看明末佛家的四位大師：憨山、紫柏、蓮池、藕益，他們對儒家的學說，也是很深入的。

現在回轉來討論孟子的原意。

孟子說的「**盡其心者，知其性也**」，「**盡**」是窮的意思，到頭了，到了極點。佛法中有句詩：「色窮窮盡盡窮窮，窮到源頭窮也空」，這是我的老師袁煥仙先生所作的詩，色相是空的，對它研究再研究，窮究再窮究，參空了，色相都是空的。空了也不對，「窮到源頭窮也空」，最後連空也丟掉了，說它空也好，不空也好，那就是眞空妙有，妙有眞空。這就說明了「**盡其心**」就是窮其心，自己思惟、思惟、再思惟，正思惟到極點，心相的本體窮到了盡頭，就進到了空，然後見到了自性。見到了人性的自性以後，才見到了天性，就明白了形而上的性之體、形而下之用的本性。

這是孟子學問的中心。可見孔孟之道，不是隨便的，因爲中國文化，古代文字的表達，喜歡簡練；外國的文字，喜歡分析、精詳，一個字，一個意義，在事理的表達上、處理上，也是演繹的。中華民族有一個奇特的民族性，對於太繁細的文字，不大喜歡看，越簡單越好，所以中國文字，在簡練中有深意。前面孟子所說的「**盡其心者，知其性也。知其性，則知天矣**」，短短的十幾個字，就包涵了許多重要的人生修養的最高原則。

他又說：「**存其心，養其性，所以事天也**」，這兩句話是講修養工夫的作用。

「**盡其心**」，「**知其性**」，然後「**知天**」；而「**存其心，養其性**」是方法。要存什麼心？儒家的方法是隨時要存善念，所以後世的儒家說：「去人欲，存天理」，這就是至善之念。在古代，讀書人怎樣去具體實施呢？從前有一種「功過格」，在一張紙上畫許多格子，有的是三百六十格，一年用的，每天一格；也有一種是三十格，每月一張，一天一格；更有的是每天一張，上面有十二格，每個時辰一格。每天讀完書以後，要靜坐思過，有做錯的事，用墨筆在格中點一個黑點；如果做了好事、善事，則用硃筆在格中點一個紅點，這樣天天反省。也有的是在口袋裡放了紅豆和黑豆，另外掛一個袋子，在書桌的旁邊，如果做了一件壞事，或者動了一個壞念頭，就投一顆黑豆子下去；如果做了一件好事，就投一顆紅色豆子。這樣一直反省到夏曆十二月二十三，灶君上天向玉皇大帝報告這家人的善惡前夕，就要自己去數紅黑點子或豆子。如果一年來，黑的多於紅的，就要在灶君面前跪下來，自己照數責打自己，而且第二年將是良心上不安的一年。這種反省功夫，做得非常嚴格，絕對不敢欺人或自欺，更不敢欺騙上天的神明。

所以「**存其心**」，就是每在起心動念、動心忍性之間，慢慢要做到善念的存心多。所謂「善則養心」，因爲人在做了一件好事以後，心裡會很快樂，比做壞事害別人痛快得多，這就是「善則養心」的道理。「**養其性**」這個「**性**」，是習氣之性，養性就是把壞的習氣，慢慢變過來，變好了，變淨潔了。這種學問之道的修養，是「**事天**」的，侍奉天的。這個「**天**」是內在的天性，如信佛的人，也可以說是事佛天；信道教的人，可以說事道天，或者上天也可以，反正有這樣一個代名辭，代表一個看不見的無形力量。

現在講「**心性**」是兩層東西，還有一樣是「**命**」，這就厲害了，孟子說「**殀壽不貳，修身以俟之，所以立命也**」。

「**殀**」是短命而死，「**壽**」是活得長命。後世有一個界限，凡是未滿六十歲而死的，都稱「**殀**」，在訃文上，說到他的年齡時，只能說享「年」若干；滿了六十歲以後死亡，才能稱壽，說享「壽」多少年。

孟子這裡是說，一個人生下來，要想成爲一個眞正完整的人，在人生的學問修養上，隨時都要存心養性，而對壽命的長或短，應無所喜惡。縱然今日修這個道，做這種修養，明天就會死亡，也照樣繼續修下去，對生死問題，毫不考慮。正如孔子說的：「朝聞道，夕死可矣」，今天早晨懂了這個道，晚上死掉也可以；假如說修道而長壽，修養越高，壽命越長，也可以。所以，「殀」也好，「壽」也好，要能生死無憂，就了卻了生死。這是唯一的不二法門，人生只有一條道路，生死不要被「殀」「壽」的觀念所困，非常豁達。眞正的壽命，不是這個血肉之軀活得長短的問題，是有沒有明心見性的問題。明心見性了，就算明日死亡，也是不朽的；不明心見性，活千年也是白活。有人信其他宗教，或者信佛念佛幾十年，當他躺在病床上快死的時候，叫他放心拋開生死，安心祈禱或念佛，他卻說現在祈禱上帝也不靈了，佛也念不起來了。這就是因爲沒有明心見性，弄錯了信仰上帝，信佛菩薩的眞理。信上帝、信佛，並不是求此一血肉之軀的不死，而是要「**修身以俟之**」，是在明心見性以後，臨終即放棄這個血肉之軀，安然而去，這就是「**立命**」。

# 孟子教修身

以上三段，「盡心」「知性」「知天」是見地；「存心」「養性」「事天」是工夫；最後的「**殀壽不貳，修身以俟之，所以立命也**」則是行願。工夫達到了，生死已了，對於是殀是壽都無所謂了。

但是要注意，想要存心養性，必須「**修身**」。要注意這個「**身**」字；換言之，所謂「**身**」，就是由這個身體、五官、四肢、意識所表達出來的思想、觀念與言語、行爲。至於怎樣「**修身**」，這裡他說「**修身以俟之**」，俟就是等待。等待什麼？等待那個命數，長壽也好，短壽也好，生也無所謂，死也無所謂。了知生死不相關，我只是把我自己的言語舉止、思想行爲，時時處處事事都在道中，這樣建立了正命，等待自己命數盡頭的日子隨時到來。

如果把道家、佛家的見地、工夫、行願等修養方法，套上孟子上面這一段話，是可以寫一部專書的。

至於「命」，佛家不大管「命」的問題，佛家只管「正命」而活，不准自殺；自殺是非正命而亡，爲戒律所不許。所以要正命而死，這和儒家一樣，要自然的命盡而死，自殺是犯戒的，也是罪過的。如何去修養正命呢？後世道家就有性命雙修之說，到了宋代以後，道家與佛家，就因此而在修持方法上起了爭論。道家講「性命雙修」一派的人，認爲中國唐朝以後信其他宗教的人，只修性不修命，因此說：「只修命，不修性，此是修行第一病；但修祖性不修丹，萬劫陰靈難入聖」。這就是說，只修命不修性是不能成功的，但是只修性不修命的話，即使修億萬年，也不能得正果，所以性與命雙修才行。

佛家不承認這個說法，因爲成道以後，證得菩提，是不生不滅，此命長存。這個命不是肉體的命，比肉體的命更偉大，那是儒家道家所說的「天命」，也就是兩家所共同承認，不生不滅的本體之性，所以叫做命。而所說性命雙修的這個命，就是這個又稱做「丹」的命，是肉體之命，乃孟子所說的「**修身以俟之**」的「**身**」，爲「身命」，後世又稱爲「生命」。你這個身，是肉身，可以「**殀壽不貳**」，而我們不生不死的身，爲法身，因此有法身、報身、化身的三身之說。

嚴格的說，形而上的最高哲學的性命之理，儒、道兩家是無法與佛家爭辯的，佛家分析精詳，歸納的結論也絕對是對的。而形而下的「**修身以俟之**」，乃至於起用，入世與出世的大乘精神，佛家不一定可以與儒、道兩家比。因爲佛家空曠、空闊，看起來嚇人的大，蓋下來昏頭昏腦，行起來不著邊際，眞是法海無邊，回頭是岸。岸在哪裡？照儒家的說法，法海無邊，回頭即在最近處，抓住一塊木板，慢慢漂流，終必靠岸的。所以他先抓住這個命，再找回到天命，那就不是這個肉體了。後世的道家與佛家的密宗修法，都是以這個肉體去修的。在這方面討論起來，又是一本大著作了。

**孟子曰：「莫非命也，順受其正。是故，知命者，不立乎巖牆之下。盡**

**其道而死者，正命也；桎梏死者，非正命也。」**

這裡孟子所說的「**正命**」，又與後世道家所說「性命雙修」的「命」有所不同，而接近佛家大乘菩薩道的戒律。他說：「**莫非命也，順受其正**」，這是孟子在說明一切人的生命存在，生來自有固定的因緣。這也是大家困惑所要追問的問題。既然現有的生命，早已是命中注定，那又何必需要努力修爲呢？這不是宿命論嗎？其實一般人所謂的宿命論，是認爲自己的命運，被另外有個主宰已經定好了，無法改變。其實，這裡孟子所說的命，不是他力所定的宿命論。《詩經．大雅．文王》早有「永言配命，自求多福」的古訓，由此可見我們的傳統文化，素來都不是迷信宿命論的，而是要人人自求多福的。

這恰恰如同佛家所說的命，並非另外有個主宰，早早爲你定構一生命運的模式。佛家所謂現有的命與過去、未來的因果關係，都是唯心自造，既非因緣也非自然，其中奧妙，一般人實在很難理解。所以佛家有幾句名言：

**欲知前生事　今生受者是**
**欲知來生事　今生作者是**

今生我們所受到的一切，都是前生的業力習性帶來，很難改變；若問來生如何，就看今生做了些什麼。在佛家的唯識學中，生命中帶來的過去的業力，名爲種子，「種子起現行」，由種子發起現在的行爲；「現行熏種子」，由現在一生行爲的結果，又成了未來的種子。所謂「種瓜得瓜，種豆得豆」，這就是三世因緣生法的道理，是佛法的透澈之處，眞是天衣無縫。我的理解也許還不到家，但我研究各宗教的哲學，都沒有辦法超越因緣所生法的原則。

但是，孟子所說的，只是現行的命，想要將我們這個現行的命改變，是可以做到的，不過必須行大善、至善，做到去惡爲善，止於至善。這談何容易啊！有的人在某件事情上，雖然出了錢或出了力，但那是做給別人看的，不是眞正行善；眞正的行善，是不爲人知的，也不一定能得到別人的了解，可能還被他人毀謗辱罵。對於這種情況，學佛的人就會想到《金剛經》上的話：「是人先世罪業，應墮惡道，以今世人輕賤故，先世罪業，即爲消滅」。就是說自我反省觀察過去生所造的惡業，到這生餘業未了，雖做好事，仍然得不到別人的首肯與讚賞。所以反而要感謝那些責罵、毀謗自己的人，因爲他們的責罵與毀謗，使你的餘業果報早些消除了斷。

另有人懷疑，一件好事未做的人，還做了若干壞事，卻生活得那麼富裕康樂，這又是什麼道理？司馬遷在寫〈伯夷列傳〉中，也曾提出一個疑點：「天之報施善人，其何如哉」，又說「余甚惑焉，儻所謂天道，是邪，非邪」。不過他寫這篇文章，對這類的困惑不作答案，只提一個問題，讓讀他文章的人自己去思索。

佛家的答覆很簡單：某人現世是壞人，但他之所以有如此好的境遇，是因爲他前生善業所得的善報還沒有完；他現生所做的壞事，等到惡貫滿盈時自會結算。在我個人的人生經驗，佛法說的是對的，我看到許多人一生的經歷，報應非常快，好像比電腦計算還要快。其實許多人就是現世報，但是受報的人自己並不明白。所以中國社會，普通流行的有四句話：「善有善報，惡有惡報，不是不報，日子未到」，這是大家都愛說的。

# 什麼是正命

孟子這裡所講的是現世之命，一切都是命定，但我們要不怨天不尤人，「**順受其正**」，就是正命的活著。世界上每個人對現實的人生，都是不滿意的，當遭遇不好時，或者怨天或者尤人。孔子曾說過，人應該不怨天不尤人，這是最難做到的學問修養，有時明明自己錯了而不知道，或反省不出來，於是就怨天尤人。信宗教的人也會說，我再也不信上帝，或者不信菩薩了。其實講這樣的話，已經是最大的怨天尤人了，因爲在他心理上是認爲自己沒有錯，錯在上帝、菩薩或他人。再不然，正如現在報紙上說的，我沒有錯，這是社會問題，是社會的錯。試問社會是誰的？社會只是一個名辭，是人群結合在一起的大眾，叫做社會。換言之，社會即是人群，自己也是社會的一分子呀！明明是自己個人的錯，爲什麼推過給社會人群呢？

再說，怨天尤人就是遷怒。孔子說顏回的修養最高，「不遷怒，不二過」，他錯了沒有怪到別人身上。有人只是小的遷怒，例如有人正在生氣的時候，別人有事找他，他就罵這人一頓，這也是很明顯遷怒的一種形態。可是一般人反省不到，遷怒的結果往往會壞了大事，害己害人。有的夫婦之間，並無大的糾葛，然因遷怒而鬧成反目成仇，竟而成爲生離死別的悲劇。

其實人性都是善良的，做錯了事，立刻會臉紅一下，但不到兩秒鐘，就認爲不是自己的錯，錯的都歸之於他人。認爲如果不是別人如何如何，自己就不會這樣錯，歸根結柢，總認爲是別人的錯，人就是這樣既不會反省，又常會遷怒他人。眞正的修養，在動心忍性之間，能夠確實檢查出自己的錯誤，然後「**順受其正**」，所受的一切遭遇，不怨天不尤人，不遷怒不二過，這就是正命地活著，也就是佛法所說的八正道（正見、正思惟、正語、正業、正命、正精進、正念、正定）中的正命。

講到這裡，我忽然想到，宋代名儒朱敦儒這兩首〈西江月〉的詞，非常豁達，非常自在，和孟子「**莫非命也，順受其正**」，很有關聯。這是文學中的哲學，大家不妨記住，碰到煩惱的時候，朗誦一番，比求神拜佛的祈禱，或道家、密宗的符咒，更有妙處。

**世事短如春夢　人情薄似秋雲　不須計較苦勞心　萬事原來有命**
**幸遇三盃酒好　況逢一朵花新　片時歡笑且相親　明日陰晴未定**
**日日深杯酒滿　朝朝小圃花開　自歌自舞自開懷　且喜無拘無礙**
**青史幾番春夢　紅塵多少奇才　不須計較苦安排　領取而今現在**

孟子說：「**是故知命者，不立乎巖牆之下**」，眞知道正命而活的人，不會站在巖牆下面。這句話的意思，擴而大之是說明，知道是過份危險的地方，儘可能不去；過份危險的事情，儘可能的不做；絕不故意鬥狠逞強，去冒可能有意外喪命的風險。

但有一點，當國家民族有難，如果自己的犧牲，可以挽救國家民族的危亡，拯救許多生靈，那就毫不猶豫毅然而去犧牲。這也是正命，是聖賢菩薩的用心，如文天祥、岳飛就是。但是不必要的危險，則不必去冒。年輕人喜歡做不必要的冒險性嬉遊，就是「非正命而玩」。有一個人在花蓮奇萊山墮巖死了，另有一人很不服氣，說那個人差勁沒出息，他也逞能去爬，結果也爬得不見蹤影了。這種非正命而玩，就成了非正命而亡。

所以「**盡其道而死者，正命也**」，人生的責任盡到了，做完了，一切盡心了，壽命到了，順其自然就去了，這是「**正命**」。因好勇、鬥狠、賭氣而死的，就是非「**正命**」而死。所以爲國家民族而死於戰場的，是「**正命**」，在中國歷史上認爲，那是爲正義而亡。聰明正直者死而爲神，這神並不是由什麼皇帝封的，而是當時以及後世千秋萬代，共同所敬仰的。

中華民族對於「**正命**」而亡者，有如此尊重！所以信奉宗教的人可要注意。「**正命**」也就是在儒家曾子所著的《孝經》中，引用孔子說的話：「身體髮膚，受之父母，不敢毀傷」。其實，儒、佛兩家的精神是一樣的，佛家說，人若無故損傷自己的身體，在自己身上割一刀，那就如同出佛身上的血一樣，就是犯了菩薩戒。因爲每人都是佛的身體，如果有一天悟道了，就成肉身佛，所以不可以隨便糟蹋自己的身體。宋儒陸象山曾說過幾句話，「東方有聖人出焉，西方有聖人出焉，此心同，此理同」。眞理只有一個，中國是這樣說，印度是那樣說，大家都是父母所生的血肉之軀，只是言語文字表達的不同而已。

孟子的性命之說，暫時到此爲止，和佛家性命之說的思想，非常接近，幾乎是一樣；如果認爲和道家所說的不同，那可並不盡然。下面再看：

# 你想得樂嗎

**孟子曰：「求則得之，舍則失之，是求有益於得也，求在我者也。求之有道，得之有命，是求無益於得也，求在外者也。」**

**孟子曰：「萬物皆備於我矣。反身而誠，樂莫大焉。強恕而行，求仁莫近焉。」**

這一段是孟子對於「窮理盡性以至於命」的性命之理，所作的闡釋。這是眞學問、眞修養，講如何做工夫。

「**求則得之**」，當然最初要自己立志（發心）求道，道就在自己本身，誠心去求，就可以成道。「**舍則失之**」，如果不立志發心去求，就無道可得了。「**求在我者也**」，因爲道是向自己內求的，只要活著就有命，有命當然就有靈性的存在，會思想，有感覺，就有心。有心、有性、又有命，那麼一切性命之理的大道就在自己這裡，不必外求。

佛家主張無我，是不要另起一個妄心之我，而求眞我。所以小乘的基本理論，講的是苦、空、無常、無我；而釋迦牟尼佛涅槃的時候，又翻轉來講了四個字：「常樂我淨」。他剛生下來時，一手指天，一手指地說：「天上天下，唯我獨尊」，這就指明了人人自性本來有個天眞的我，但這個我，不是另起妄念的我。佛在人世間幾十年，在他將涅槃的時候，問他證得了什麼，他說我已經證得本自寂滅「常樂我淨」，那個天眞的自我找到了。所以孟子也說「**求在我者也**」，等於同一道理。

孟子又說：「**求之有道，得之有命**」，求道是有方法的，但是想要得到這個道，則「**有命**」，要有正命，非正命不行。有的人修道，拚命注重打通任督二脈、奇經八脈，結果往往不是高血壓而死，就是得到或輕或重的精神分裂症。因爲「**是求無益於得也，求在外者也**」，像這樣的「向外馳求」，是沒有益處的，不是窮理盡性的「內明」，只是把生理反應的境界、功夫，當做是道，沒有找到眞我，所以不能成道。其實那些感受並非壞事，那只是身體氣脈變化的境界而已，境界是會變化的，是無常的。

所以孟子告訴我們「**萬物皆備於我矣**」，人現在活著的自身，就和宇宙的功能一樣，沒有一點缺損。活著性命的本身，具備了下地獄的種性，也具備了上天堂的種性，更具備了成佛成聖人的本性，當然也具備了成畜牲的性能。孟子「**萬物皆備於我**」這句話，相當嚴重，佛法也如此說，只是將「**我**」字換成「如來藏」，含藏了一切種性的功能，別名「眞如自性」。

現在孟子告訴我們，求道怎麼求，「**萬物皆備於我**」，一切都在我自己這裡，所以要向內自求。莊子也有「與天地同根，萬物一體」的概念，如何求法呢？只要「**反身而誠**」就到了。不過要注意，他不是說反心，不是佛法中說的觀心，也不是看念頭。「**反身**」，反哪一個身？怎麼反？瑜珈術有倒立蓮，頭頂在地面，腳向上直伸，這不是孟子說的反身，那還是向外求；所謂「**反身**」，是要找出自己的眞身本體來。孟子「**萬物皆備於我**」這句話，在佛家的《心經》也說了，就是「不生不滅，不垢不淨，不增不減」的道理。平常我們把這個肉體的現存之身，看得很重要，因爲它是表達生命存在的一個重要工具；如果沒有這個工具，則在世間的應用上，這個存在的生命，是無法表達出來的。

但是我們仍然要去找到那個眞身本體，那個永遠存在的生命，把那個重要的東西找到而常存不變，這就是孔孟之道所講的「**誠**」，那就「**樂莫大焉**」了，身心內外，充滿了快樂。我們看到許多修道的人，面有菜色，或愁容滿面，或一臉怨恨，或神祕兮兮，這都是非道。如果是「**反身而誠**」的，絕不是這種樣子，而是慈、悲、喜、捨的形象，就像是「彌勒佛」一樣，笑口常開，充滿了喜樂，逗人們開心。他笑些什麼？有一副對聯說得好：「大肚能容，容天下難容之事；開口常笑，笑世間可笑之人」，這就是「**樂莫大焉**」的樣子。

從前大陸大寺廟的建築，就是一個話頭，具有深奧的含義。一到山門口，就看到哼、哈二將，一左一右，一個是鼻子哼氣，一個是張嘴哈氣，表示進入此門是呼吸間的事，要注意，呼吸是很重要的。再進內是四天王殿，兩邊是四大天王，又稱四大金剛，一個手中彈琵琶，聽聲音，就是聲聞；一個手執雨傘，發慈悲心，遮覆天下人；一個手拿寶劍，斬斷一切情絲煩惱；一個用手執蛇（繩索），降伏群魔。這四大金剛的形象，就是告訴人們修養身心的方法，同時也代表了見、聞、覺、知的作用，所以著手用功的人，都沒有離開見聞覺知四個重點的轉化。

天王殿中央供奉的是中國式的彌勒佛（泗州大聖布袋和尚），轉過來背面供著的是韋馱菩薩，這位護法天神站在那裡，端莊、正直，手持降魔杵，有英雄大丈夫的氣魄。如果是雙手「合十」，作問訊狀，降魔杵橫擱在兩手的臂彎處，這個寺廟便是「十方大叢林」，遊方和尚可以在那裡掛單；如果兩掌壓住降魔杵頭，植地而立，則是「子孫叢林」，不大接待外來的遊方和尚。據說韋馱菩薩本來是站在山門外的，因為他的職責是護法，出家和尚或在家學佛的人，有犯戒不對的，他看不下去，舉起棍子就把人打死了。由於佛慈悲不忍，故而叫他對面而立，這叫做「不看僧面，看佛面」，所以後來韋馱菩薩是面對著佛。

再進去到了大雄寶殿，就是佛祖釋迦牟尼的三身——法身、報身、化身；左邊是迦葉，右面是阿難，兩旁有十八羅漢。有的大叢林專門供有羅漢堂，五百尊羅漢形貌完全不同。大殿後面是大慈大悲觀音菩薩，就是入世行善，救苦救難，不求人知。這樣的寺廟，就等於說明了全部的佛法。

這些道理，都在「**反身而誠**」一句語義之中，做到「**反身而誠**」，就發樂了。例如修止、修觀，修定、修慧，都要「**反身而誠**」。又如修不淨觀、白骨觀，以及安那般那（觀出入息），也都是「**反身而誠**」的修法，工夫到了「**樂莫大焉**」，可以發暖得樂。讀了孟子的這些話，也可見儒家亞聖的孟子，的確不同凡響，是有實際修養工夫的。

講到行為，做工夫，行慈悲，要「**強恕而行，求仁莫近焉**」，就是要勉強自己去做的。人最會原諒自己，例如說修止靜（打坐）的工夫，一天最好多坐幾次，自己卻會說忙得很，沒有時間。所謂忙，只是這麼說說而已，並不是眞忙；其實是怕坐久了一身痠痛。這就要「**強**」迫一下，勉強自己去修正，對待自己不好的習性，不可太過放任，要帶一點強迫性來自我轉變。「**恕**」就是作人做事的時候，對別人要仁慈、寬大，要饒恕別人，這是行願的基本。換言之，「**強恕**」的兩個要點，就是「嚴以律己，寬以待人」。

如果這樣做去，「**求仁莫近焉**」，仁的境界就來了。仁是儒家所用的一個代名辭，也就是佛家所說的「此心活潑潑的，空靈的，本來無一物的」那種境界。

# 誰有慚愧心

孟子曰：「行之而不著焉，習矣而不察焉，終身由之而不知其道者，眾也。」

孟子曰：「人不可以無恥；無恥之恥，無恥矣。」

孟子曰：「恥之於人大矣。為機變之巧者，無所用恥焉。不恥不若人，何若人有？」

孟子又說：「行之而不著焉」，大家的生命，本來都在道中，「習矣而不察焉」，因爲被行爲習慣所蒙蔽了，自己不知道；也就是《易經．繫傳》上所說的「百姓日用而不知」，我們天天在道中行，不知「道」在哪裡。試想想看，我們能不能知道，早晨一醒來的第一個念頭是什麼？無從自知。念頭從哪裡來？往哪裡去？都不知道，可是每天的言行舉止，念頭都在喜、怒、哀、樂的情緒中攪擾，所以就不知道自己「心性」本來清淨的眞相了。大家被無始以來的習氣所左右，煩惱就來了，可憐得很。因此「**終身由之而不知，眾也**」，所以一個人的生命本身有道，但沒有反省自修，反而迷心逐物，向外馳求，這樣就叫做平常人，也叫做凡夫、眾生。

從這裡我們看到，如果不這樣深入去研究，而又隨意批評孔孟只是教條，那只能說是自己沒有徹底了解其中的內涵罷了。

上面這幾段，如引各家的學說，來作詳細的闡述，可以寫成一部有關性命之學幾百萬言的專書了。但「記問之學，不足爲人師」，因爲記問不是學問，只是知識的傳播而已。例如韓愈所說的師道，是「傳道、授業、解惑」，那就比較接近人師的榜樣了。所謂「授業」，也不是傳授技藝之業，而是立德、立命的基業。《孟子》中的這一段，內容廣泛得很，爲眞學問之所在，我只是扼要的提出來一點點，大家須要再做深入的研究。

孟子接著說的，還是修養的道理。

孟子說「**人不可以無恥**」，這「**無恥**」兩個字，在現代人的觀念中，好像變成一句罵人的話，不大好聽，不容易被人們接受。所謂「**恥**」，換一個名辭來說，就是慚愧心。我們常常會對人說：慚愧！慚愧！這就是「**恥**」，就是知恥；那件使你慚愧的事，往往是無恥之事。如果作人做事，不知隨時隨地反省檢查自己過錯的話，德行是不會有所進步的。如果能時時自我反省，發現自己的過錯，那麼這一天活著的生命，就是有恥，就是有慚愧心。假使犯了過錯，不但不自我反省，反而自我辯護認爲沒有錯，甚至推過於別人，那是「**無恥之恥**」，那就眞正叫做「**無恥矣**」，也就是根本無慚無愧了。

孟子再說：「**恥之於人大矣**」，有慚有愧之心，是平常進德修業最大的關鍵。佛家學說也是如此，認爲慚與愧，是人生修養非常重要的善行。「**為機變之巧者，無所用恥焉**」，有些人，非常聰明伶俐，做錯了事，自己運用機心，很巧妙的爲自己辯護，肯定自己沒有錯，這一類「**機變之巧**」的人，就是用心極不誠實，非常狡滑的人。慚愧兩個字，對這種人根本用不上了。

孟子又說：「**不恥不若人，何若人有**」，簡單的來解釋這句話，就是當你不如人的時候，假如自己還沒有慚愧心，那你怎麼能夠做到和人家一樣呢？人都有好勝上進的心理，看見別人比自己好，卻困於自己的壞習慣，只是自卑，不肯自求進步。其實，不必怕不如人，只要發一個慚愧、有恥之心，自己努力，別人也許十天就能做到，自己百日、千日總可到達與別人同樣的程度吧，甚至超越。可是一般人，往往不會自我承認無恥，反而容易犯一個自卑感的毛病。例如看見同學有很高的成就，就不敢去看這個同學。其實深刻進一步來說，能夠有自卑感，已經是有知恥的動機，但是必須要拿出勇氣，不要被自己的自卑感淹沒，更要奮發向上進德修業。所謂「知恥近乎勇，善莫大焉」，作人做事要這樣，修養心性更要如此。

# 賢君賢士最平凡

**孟子曰：「古之賢王，好善而忘勢；古之賢士，何獨不然！樂其道而忘人之勢。故王公不致敬盡禮，則不得亟見之；見且猶不得亟，而況得而臣之乎！」**

孟子說，古代的賢王、聖明之君，都是好善的，對於國家的決策，只注意如何有利於國家、天下、社會、人民；自己雖爲一國的領袖，且有絕對的權力，可是他忘記自己的權力。換言之，他只著眼於社會大眾的利益，不去考慮如何增加自己的權力。在制定政策時，只要是對國家社會，對老百姓有利益的，就下定決心去做，並不考慮這個決策是否損害自己的權勢；更不是以增加自己的權力爲出發點。同樣的，一個領導人，甚至一個普通人，也都應該有這種精神。但是，人很難做到。

例如一個人很有學問，但往往會自認是飽學之士，看不起別人；其實應該忘了自己「有學問」這回事，在街上看見一個推車的、挑菜的，也要謙虛，想到自己還有向他們學習的地方。可是，一般人連穿一件新衣服都忘不了，走在街上，要多拉幾次衣服，似乎怕別人不知道；如果有人讚美他的衣服，他更會沾沾自喜。所以忘了自己所擁有的，是很難做到的，如果有權力而能夠忘掉，就是保持了一分天眞、善良與仁慈的童心。這是古代內聖外王的基礎，是中國文化個人基本修養的本份。

所以大家要特別注意，這句話聽起來容易，做起來很難。乃至於出家當和尚的，本來很平凡，慢慢被人尊稱「師父」，再被尊稱「大法師」或「上師」，這樣對他三叫兩叫，他便自以爲是活佛了。一般人除夕過年的時候，口袋裡多了一些錢，自己就會「抖擻」——炫耀、自滿、自傲——起來，這就是不能「忘錢」。在古代的聖王之中，能有「**好善而忘勢**」的精神，是值得後人效法的。

孟子說，上古有德行的讀書人，也能做到這樣，自己有權勢，忘記自己的權勢；自己沒有權勢，則忘記別人的權勢，這也不容易。但是，忘記別人的權勢，並不是傲慢的態度，如果心中有傲慢，認爲你越有錢有勢，我越不睬你；這非但不是忘記，反而表示注重對方的權勢。這就是我慢，覺得自己比那些有錢有權勢的人更偉大。如果此心平等，安貧樂道，就會把一切人都看得平常，不論別人有錢有勢或無錢無勢，總歸都是人，以平等心對待，既不傲慢，也不特別輕視或尊重；人與人之間，應該有的禮貌，應如何便如何。如果認爲對方有權勢地位財富，自己故意「以貧賤驕人」，不予理睬，而表示自己清高、了不起，這就已經錯了，「起不了」啦！這只是自卑感在作祟而已。

孟子說：「**古之賢士，何獨不然**」，古代有修養的知識分子也是一樣，只問人家有沒有道德，不問人家有沒有地位、權勢；忘記了對方的權勢。所以古代稱讚高士們，「天子不能臣，諸侯不能友」的美德，因爲他心境平淡，忘記了這些權勢地位。例如宋朝的楊朴，始終不肯出來做官，宋眞宗仰慕他的名，幾次要他出來，他都不肯。最後宋眞宗派人到他家裡坐候，他沒有辦法，只好到京城裡去見皇帝。宋眞宗對他說：現在終於把你請來了，你是喜歡作詩的，而且詩作得很好，一路上一定有不少好詩了。楊朴說：我在路上沒有作詩。宋眞宗說：那麼你離家的時候，你的朋友們一定作了許多好詩，爲你送行吧！他說，朋友們也沒有詩，只有我內人（太太）作了一首詩送我。宋眞宗說，那你太太的詩怎麼說呢？楊朴就唸出來他太太的詩：

更休落魄耽盃酒　且莫猖狂愛詠詩

今日捉將官裏去　這回斷送老頭皮

宋眞宗聽了這首詩，哈哈大笑，因此送了他很多禮物，放他回去，表示再不叫他做官了。實際上，誰知道他是不是假太太之名，表明自己的態度呢？宋代歷史上，這類的高士也不少。

再說孟子說的這類高士，並不是傲慢，也不是看不起政府，他只是不需要攀附權貴而已。例如宋代的邵康節，上通天文，下知地理，像他這樣有大學問的人，歐陽修、司馬光這幫好友，曾多次請他出來做官；他說，在政治上有你們出來，就已經很好了，我的身體又弱，不要爲我添麻煩，讓我在家裡安享餘年，能活幾歲，就活幾年吧。老朋友無論怎樣邀請，他都不肯出來。

所以孟子說：「**故王公不致敬盡禮，則不得亟見之**」，因此諸侯、大臣，地位最高的人，如果對於一個有修養的知識分子，沒有恭敬心，禮貌上稍有不周，不能完全盡到禮的話，縱然想馬上見他，也是無法見到的。「**見且由不得亟，而況得而臣之乎**」，連見一面也辦不到，何況想請他來做僚屬！更不可能了。

這一段放在「**知恥**」之後，有它的道理在。因爲這一段所說的，也就是人格修養上的「**知恥**」，一個人要知道自己在時代環境中的分量。有時候，學問固然好，才能固然強，但自己要知道，自己的學問本事，其實只有一二兩重。就像俗話所說的「貴州驢子三腳踢」——貴州的驢子容易發怒，但等它踢了三腳以後，就沒有其他本事了，所以成語說「黔驢技窮」，只有三拳兩腳的本事。

又如現在年輕人看別人的文章，認爲也沒有什麼了不起，事實上也眞沒有什麼了不起；可是由自己來寫，苦寫三天也寫不出來。有些人看似滿肚子學問，辦個刊物，寫上一年，學問也就寫完了。要知道，學問的補充很難，成本很大，說不定讀了一年書，兩篇文章就寫光了。不要以爲自己本事大，所以人要能知恥。「**知恥**」不一定要含羞，而是要知道自己的分量，不要做出超越自己分量的事來；假如自己做了超越分量的事，就必定招來恥辱。例如舉重的選手，自己只能舉起九十公斤，偏要去參加舉一百公斤的比賽，結果不但得不到冠軍的榮譽，反而招來失敗的恥辱。這種太過超越自己能力的行爲，就是不知恥的結果。有時候，人狂起來就忘了自己在哪裡，像一些學佛的青年，「未得謂得，未悟言悟」，自認爲開悟了，就了不起了，那是「開誤」了。一個眞正開悟的人，多麼平淡！多麼謙虛！開悟並沒有什麼了不起，可是有人恨不得在頭上寫個「悟」字，那是迷之又迷了。

因此孟子在這裡說到，古代的賢君、賢士，始終覺得自己很平凡，所以面對勢利，不感到勢利；面對貧賤，不感到貧賤，因此能夠獨立而不倚。

# 先窮後達的那個人

孟子謂宋句踐曰：「子好遊乎？吾語子遊。人知之亦囂囂，人不知亦囂囂。」

曰：「何如斯可以囂囂矣？」

曰：「尊德樂義，則可以囂囂矣。故士窮不失義，達不離道。窮不失義，故士得己焉；達不離道，故民不失望焉。古之人，得志，澤加於民；不得志，修身見於世。窮則獨善其身，達則兼善天下。」

「宋句踐」這個人，姓宋名勾踐，與越王勾踐同名。

孟子對他說「子好遊乎」，等於莊子所說的「逍遙遊」，也就是說「遊戲人間」的意思。人生本來是一場戲，世界是一個大舞台，看誰唱得好。但千萬不要忘記，自己終究是一個演員，唱完退到後台，我還是我。這個原則，一定要把握住。在演的時候，哭要眞哭，與劇中人合而爲一，進入狀況；演張三時自己就是張三，演李四時自己就是李四，人生本來就是戲。孟子提出的「**好遊**」，就是如此而已。

「**囂**」字常常被連在「張」字上面，成爲「囂張」一辭，就是嘩啦嘩啦的意思。但是「**囂囂**」二字疊用，就變成了瀟灑，是文雅的，但比瀟灑的態度，稍稍粗一點，有少許興奮的意味，海闊天空，滿不在乎的。雖然滿不在乎，不是亂來，也不是痲木。

孟子對宋句踐說，你好玩，我告訴你關於玩的道理。有人了解你，你要滿不在乎；沒有人了解你，也要滿不在乎，你還是你，那就是你的本色。

宋句踐聽後問道：你這個道理講得對，但要怎樣才可以「**囂囂**」——滿不在乎呢？

孟子說，一個人活在這世間，如果自己身心不健全，「百年三萬六千日，不在愁中即病中」，叫他「**囂囂**」，也瀟灑不起來。再說眞有德性修養的人，自有高尚品德的自尊心，能「**尊德**」，所作所爲，都能夠好善、反省，能「心不負人，面無慚色」，胸襟開朗，對得起天地鬼神。這就是「**尊德樂義**」，這樣才可以「**囂囂矣**」，才可以眞的逍遙自在了！

因此孟子說了兩個要點：「**窮不失義，達不離道**」，一個眞正有學養的人，儘管一輩子不得意，但不離開自己的人生本位，義理所當爲則爲，就是所謂的「**窮不失義**」。

宋朝了不起的名儒范仲淹，在他〈岳陽樓記〉中說：「先天下之憂而憂，後天下之樂而樂」，這是膾炙人口的名句，流傳萬古。後世青年，有人把這兩句作爲讀書作人的準則，且以濟世救人爲己任。就他的這兩句話而言，已經屬於「立言」的大事了。

大家都知道，范仲淹出將入相，不過宋代儒家的理學，可以說都是由他一手振興起來的，許多大儒，也是由他敬重培養成就的。他當年在西北鎮守邊疆，張載（橫渠）年輕時，去西北投軍。范仲淹看見他一表人才，相貌堂堂，對他說：你前來投軍，報效國家，這是對的；在我，有你這樣的青年來投效，我當然歡迎，不過報國的途徑很多，你有更好的前途，可以去努力，何必應募來當兵呢？張横渠還是一腔熱血，慷慨激昂，說了一番道理。范仲淹說：年輕人先沉住氣，我送你一點路費、一本《中庸》，回去把這本書讀好以後，再來找我吧。張横渠聽了他的話，就回去讀書，後來果然成爲一代大儒。

張横渠讀書成就以後，有四句名言說：「爲天地立心，爲生民立命，爲往聖繼絕學，爲萬世開太平」。這是自宋代以來，爲歷代讀書做學問的知識分子，所備加尊奉的。其實張載這四句名言，與范仲淹所說的「先天下之憂而憂，後天下之樂而樂」，互相呼應，相得益彰。也可以說，他之所以讀書成就，成爲名震一時的關西大儒，其中受范仲淹的影響，最爲深遠。

除張載之外，當時由范仲淹培養出來的人才不少，如宋代名相寇準、文彥博等人的成就，都與他有密切關聯。再如宋初山東的名儒孫復，也是范仲淹無意中推崇出來的。

范仲淹初期，是任知府，拿現在體制來比較，是省之下、縣之上，相當於抗戰前後的行政督察專員。當時孫復非常窮困，帶了一封介紹信去見他。范仲淹見他是一個有品德的讀書人，問起他有什麼事需要幫忙，孫復說起生活困難，范仲淹即送他一年的生活費用和回家的旅費。

范仲淹這類的事做得很多，做過了也就不會計較於心。第二年孫復又去找他，范仲淹想起他曾經來過，覺得這個人，怎麼老遠的來打秋風，就對他說：你怎麼不在家好好讀書，他說生活沒辦法，而且還欠了債。范仲淹說，你這麼遙遠的跑來跑去也不是辦法，這樣好了，我寫封信給你家鄉的縣長，請他幫忙你，我也負擔一部分。這樣才徹底解決他的問題。

不到十年，全國傳聞，泰山下有一個姓孫的學者，學問道德非常之好。范仲淹聽到這個傳聞，就找他來見面，發現原來是自己幫忙過的那個讀書人。後來范仲淹在筆記中感嘆的寫道：人最怕的是窮，當處身於極度窮困之中時，如果沒有人伸手扶一下，就要過不去了；如果有人在此時，縱然是無意中伸出援手扶他一把，讓他渡過難關，他就可能成爲英雄、豪傑乃至聖賢。他說，平心而論，對孫復的幫忙，只是無意間的事，不像是對張橫渠有心培養，但卻培養了這樣一個大儒，所以心裡非常高興。

其實，范仲淹自己就是孤兒出身，幼年時父親去世，母親被貧窮所逼，只好帶了他改嫁朱家。他也改姓朱，單名叫「說」。當然，這種日子不好過，他在稍稍長大後，就拜別母親和朱家，住到廟裡讀書。每天煮稀飯後再讓稀飯結凍，劃成三塊，度過一天三餐的日子，勉強解飢。考中功名以後，才復姓歸宗，最後出將入相。因爲他知道民間的疾苦，生活的艱難，所以我們現代的助學制度，他在那個時候已經創辦了。他當了大官以後，賺的錢，買了許多田地，收入所得，自己完全不要，用來興辦義學，幫助清寒子弟讀書。並在每個縣裡，興辦義倉，積存餘糧，遇到荒年，開倉放賑。這些社會福利的善舉，都是他創導的。

他一生爲官，從來不擺官架子，後來並把母親接回來奉養。他的四個兒子純祐、純仁、純禮、純粹和姪子純誠，後來都做了大官，都是名臣，對國家有相當貢獻。他在邊陲帶兵的時候，叫他的次子回家收租，一次收了四大船的租穀回家，在路上看到范仲淹的朋友石曼卿（延年），上前問候，石曼卿流淚告訴他，母親死了，連棺材都沒有錢買。范純仁即將收來的租穀，全部贈送給石曼卿。范仲淹正在書房讀書，見兒子空手而回，就問路上發生了什麼事，范純仁將經過說明，范仲淹聽了，非常高興，對兒子大爲嘉許。

我們看范仲淹的一生，就是「**窮不失義，達不離道**」這兩句話的最好說明。這也就是孟子在這裡所講的「**窮則獨善其身，達則兼善天下**」。不過就文章說，「千古文章一大偷」，這句話也是脫胎於老子的「後其身而身先」一語。三個人的話，是同一個觀念。不過，孟子的變化說法，比老子那句話達暢多了。《老子》是春秋時代的文體，簡練又簡練；孟子與范仲淹寫的，就是白話文了。

# 有我 無我

孟子接著說：「**窮不失義，故士得己焉；達不離道，故民不失望焉**」，一個人的學問修養做到了，雖然一輩子倒楣，人格始終不褪色。不要因爲自己沒有錢，而將自己的人格打折扣，那就整個失敗了。「**士得己**」就是有我，「**己**」就是我；「**得己**」就是保得住我自己。

我剛才說人格的保持，年輕人要特別注意。若干年前，兩三個大學的佛學社團聯合邀我作一次演講，可是我聽見是佛學社團就頭大，講佛講得不好會講「糊」，講得糊里糊塗的。我當時對他們講的題目是「有我與無我之間」。學佛要無我，形而上道——自己講修養，要到達「無我」之境，才可以入門，但還不是最高。作人做事，一定要「有我」，才能夠立大功成大業。一般學佛的人，拿了這個「無我」的名辭，就把雞毛當令箭，到處「無我」一番，結果佛既學不成，人也作不好，這是學佛的人最容易犯的毛病。

作人一定要「有我」，例如寫一篇文章，如果其中「無我」，則不值一讀，不會有內容，老師就會批「不知所云」四個字。畫家畫一幅畫，「無我」就沒有東西；作人「無我」則怎麼作人？是誰在作人？我就是我，不能變成你。更不能今天變成張先生，穿上西裝；明天又變成李小姐，抹上口紅。那成什麼話？所以作人要有我，每人有自己的人格，自己的品德，自己的風格。至於風格對與不對，在於前面說的「**尊德樂義**」這個範圍。各人在這個範圍之內，建立各自的品格，老實人是老實的風格，慷慨的人是慷慨的風格，這就是「我」。

所以「**窮不失義，故士得己焉**」，窮了還有我，如果窮到了無我，那就是孔子說的，「小人窮斯濫矣」。得志了，則「**達不離道，故民不失望焉**」，得志以後並不忘形，不離開「**尊德樂義**」之道，更要好善。得志以後，到了上位，就要記住是上天給自己的機會，去爲大家做事。在我個人的體驗，不想運氣好，更不想得志。所謂運氣好，只是一個字「忙」，連吃飯的時間都沒有；倒楣的結果則是「閒」。如果「忙」與「閒」可自己選擇，我寧可選擇倒楣，太忙了吃不消。

而且更討厭的，是臉上的皮肉也要忙，見人就得笑，不想笑也得笑。如果沒有地位，不笑就不笑！別人也不在乎我笑不笑。有了地位，只好對人笑，不笑就被指為傲慢、官腔；有時會笑到臉上的肉發痠，也很可憐。

「**達**」就要「**不離道**」，能這樣的話，一般人才不對他失望，那就是眾望所歸了。現在選舉勝利的人，就有人送一塊匾額，上題四個字「眾望所歸」。當然，現代的選舉，當選的人是否眞是眾望所歸，那又是另一個問題了。

孟子繼續說：「**古之人，得志，澤加於民；不得志，修身見於世**」，古代的人，讀書求學問，是爲了增進自己的修養。得志的時候，是上天所給的權位，不過是一種工具而已，目的在用這工具做好事，給社會大眾謀福利。如果不得志，也沒有關係，不過，也要對社會有貢獻，不能蹲在城隍廟的角落躲起來。這樣是自卑，是沒有修養的，應該「**修身見於世**」——修身養性，端正自己，給世人看見，做個好的榜樣。

「**窮則獨善其身，達則兼善天下**」，這兩句是孟子流傳千古的名言。凡是中華民族的青年，都應該牢牢記住，這是人生的價值觀，和人生的目的。一個人如果對於自己人生的價值和目的都搞不清楚的話，那簡直是糊里糊塗的過了一生。

# 凡民與豪傑的區別

**孟子曰：「待文王而後興者，凡民也；若夫豪傑之士，雖無文王猶興。」**

**孟子曰：「附之以韓、魏之家，如其自視欿然，則過人遠矣。」**

孟子說，周文王是歷史上的賢君，也是歷史上的明王。文王、武王父子兩代，在當時十位賢臣的輔助下，以他們的智慧共同努力，確實做到齊家、治國、平天下的局面，而使周朝延續了八百年。這十個大臣，就是歷史上所稱的賢臣，其中一人是文王的太太。一般的人才，要靠好的領導人，才能有機會站出來；這類人還是普通人才，非靠背景，靠別人提拔不行。而眞正的英雄豪傑，無論在任何環境之下，都站得起來。

關於這個觀念，歷史上有一個例證。大家都知道，韓信在年輕倒楣的時候，受過「胯下之辱」。因爲他身上佩了一把劍，在街上遇到幾個小流氓，攔住他說：「你這小子，有什麼了不起？居然還敢神氣活現的佩劍，有種的咱們比劃比劃，沒種就爬過去」。他們叫韓信從他們的胯下爬過去。韓信氣得將劍拔出了一截，可是一轉念間，還劍入鞘，照他們的話，爬了過去。這班小流氓哈哈大笑，非常看不起他。

他當時沒飯吃，有個洗衣服的老太太，起了同情之心，就把自己的飯包送給他吃了。後來韓信做了三齊王，得志後回到故鄉，找到了當年那幾個流氓，那些人嚇得臉也白了。韓信卻說：你們不要怕，當年如果不是你們那樣刺激我，我可能不會努力，更不會有今天。老實說，當時我要殺掉你們，是輕而易舉的事，可是我划不來，而且要犯罪坐牢，因此我忍了。現在，我給你們事情做，去當個低級軍官，可不要再驕橫了，好好的幹，要做出一番事業來。

這就是韓信。所以他當了三齊王以後，漢高祖和他閒談，問起他能帶多少兵，他說：「多多益善」。漢高祖再問他，像我劉邦能帶多少兵？他說：最多十萬。漢高祖說：可是你爲什麼爲我所用呢？韓信說，你雖然不能帶兵，可是能夠「將將」。

有一次韓信與帶兵的同僚們談話，就笑他們，雖然你們功成名就，不過是一般平凡的角色，你們是靠運氣，靠別人給你們機會才有成就，並不是你們本身眞有了不起的才能，所以値不得驕傲。歷史上留下了他的一句名言，「公等碌碌因人成事」。事實上也眞的如此，人多半是靠運氣和別人給的機會，才能站起來，這就是孟子說的「**凡民也**」。

這一段，孟子是告訴我們，如果一個人有志氣、有才能，不管任何環境，自己都會站起來的。也就是說一個大丈夫，不依附任何人都能夠站起來，只是遭遇各有不同而已。

所以，孟子又說，假定有一個人，有好的背景，和韓家、魏家有很密切的關係（韓家與魏家，是孟子當時的大家族、大財閥，也是特權分子），可是這個人並不引以爲榮，這樣的人就是了不起的人。所以一個青年，家庭良好，社會背景良好，而有高度修養，但作人很平凡，做事很踏實，自然前途無量。

台灣二三十年來，像這樣自己起來的青年，有很多；他們把自己的家世，看得很平凡，作人規規矩矩，騎腳踏車去上學，這就是了不起。這種人，就是有過人之長，將來有前途，一定有他的成就。

這裡兩節書，說了正反兩面的情形。第一點說到「**若夫豪傑之士，雖無文王猶興**」，一個大丈夫，沒有地位，沒有背景，自己終於站了起來。所謂站起來，不是發大財、做大官，而是對社會人類有所貢獻。第二點是說，有社會地位，良好家庭，背景很硬的人，而自己能看得非常平淡，並不驕傲於人，並且不依賴家世背景，而自己能夠站起來的，也是超越了一般平凡的人，將來會有偉大的成就。

# 誰是好領導

孟子曰：「以佚道使民，雖勞不怨；以生道殺民，雖死不怨殺者。」

孟子曰：「霸者之民，驩虞如也。王者之民，皞皞如也。殺之而不怨，利之而不庸，民日遷善而不知為之者。夫君子，所過者化，所存者神，上下與天地同流，豈曰小補之哉？」

孟子曰：「仁言，不如仁聲之入人深也；善政，不如善教之得民也。善政，民畏之；善教，民愛之。善政，得民財；善教，得民心。」

孟子又由作人的道理，擴而充之，講到爲政。人生的個人修養，到達了不依賴身世、背景、環境而能夠自己站起來，進而能夠領導社會、領導政治，然後能夠做到「**以佚道使民**」。「**佚**」就是安逸，「**佚道**」就有很多內涵了，發揮起來，可以寫一本專書。簡單來說，所謂「**佚道**」，就是看不出來有所作爲，很安詳，就是老子說的無爲之道，無爲而無不爲。

一般所謂很能幹的人，他有作爲，別人看起來，他很忙，指揮這人往東，又命令那人往西，大家也就跟著他團團轉，忙得很。如果是一個眞正懂得「**佚道**」的人，作一個領袖或領導一個公司，看來好像大家沒有事，其實人和事什麼都安排好了。以現代的名辭來說，就是最高明的科學管理、企業管理、人事管理；在政治上是平靜，社會沒有事，經常很太平。因爲社會本來不亂，就不需要做事；社會亂了，警察就忙了。

所以「**以佚道使民，雖勞不怨**」，老百姓在「**佚道**」的治理下，雖然勞苦一點，但對上面不怨。我幾十年的見聞和人生經驗，發現不管當小主管大主管，上面很少不被下面埋怨的；即令最好的領導人，下面雖當面恭維，背後卻在埋怨。而且有時的埋怨，並不一定是領導人不對，所以儘管是「**佚道使民**」，想達到「**雖勞不怨**」，也是非常難的。譬如要求大家遵守交通規則，是爲了行人車輛的安全，也可以說是「**佚道使民**」；可是要他過一個地下道，或者天橋，這種不算勞苦的小事，也還是有人要埋怨的。

其次「**以生道殺民**」，上天有好生之德，處處在愛護人，不希望老百姓犯法，儘可能使他免蹈法網，可是仍然有人不畏死而犯法。爲了大家的安全生活，逼不得已而殺掉爲害大眾的人。像這樣最後受刑被殺的人，雖死但不怨恨殺他的人。

這種死而不怨殺者的史料，上古很多，中古以後歷史記載的，則偶然有之，並不多。在歷史上，成功的大臣做得到，如上古舜時的殛鯀，不但不怨，而且他的兒子禹，更繼承父業，終於治水成功，這是最顯著的史例。

孟子進一步對歷史作了評論。因爲孟子生於戰國群雄專講霸術的時代，故而爲歷史政治哲學，對王道、霸道下了定義。在孟子所說的霸道中，如果是一個眞正的霸主時代，人民還是「**驩虞如也**」，大家的生活還是比較平安康樂的，如齊桓公、晉文公時代，這是眞正的霸主時代。至於「**王者之民**」，就是三代以下，乃至周朝的初期，生活在王道政治下的人民，就是

「**皞皞如也**」，大家都是自由自在的生活著。在這種王道政治的社會，「**殺之而不怨**」，人民犯罪，雖被殺也不怨恨。「**利之而不庸**」，在眞正王道的社會，雖有發財的機會，人人生活安定優裕，但並不貪圖過分的利益。

這是孟子爲王道政治的思想繪出的藍圖，也就是大同思想。以現代的民主自由政治思想而言，眞正民主自由的社會，就是王道社會。

「**民日遷善，而不知為之者**」，在這個王道社會中，人民的個人道德與治國的政治道德，以及文化，是在不著痕跡之中進步發展。而眞正的道德，是「**不知為之者**」，不知道是什麼在促使這個社會進步，而社會自然默默的在進步，這一種社會現象，就是在眞正的王道政治下，才能達到的。

「**夫君子，所過者化，所存者神，上下與天地同流，豈曰小補之哉**」，這一段話，要特別注意，尤其是青年朋友們，是挑起民族承先啓後責任的人，凡是中華民族的子孫，都要挑起這個責任。

一個知識分子，擔負有國家民族文化的責任，對於道德的修養，人文修養，要做到「**所過者化**」，才合於繼祖承宗的標準，也就是要做到內聖外王。眞正的聖人，大家就自然受他的影響，受他的感召和教化；口頭的教化是言教，更重要的是身教。身教是以自己的行爲影響別人，超過了言教，但還是不夠，要能夠做到「**所過者化**」。可是如何化呢？「**所存者神**」，到達神化的境界，就是由精神的感召，改變了別人的心理與行爲，只要他人在那裡，一般人就會對他肅然興起恭敬，就像對廟宇中的菩薩，或供奉的神明，或教堂中的十字架一樣，戒愼之誠。

一個人學問道德修養的目標，如果不能達到這個程度，那是可恥的。前面孟子曾說人貴知恥，假如做到了「**所過者化，所存者神**」，他的成就能「**上下與天地同流**」了。說到「**同流**」，使人容易想起一句成語「同流合污」，那是狹義的看法，是一個壞的狀況；但從廣義著眼，天地生長一切萬物，有好的，有壞的，的確是「同流合污」的。但天地並沒有對萬物分好壞，毒藥可以致人以死，但有時也可以治病。萬物因時間、空間、對象、環境的不同，使用的動機方法不同，才有是非善惡好壞的差別。「**同流**」就是像海洋一樣，充滿了生機；學問道德修養的目標，就是要達到這樣的境界，向這一目標努力。所以孟子最後說，「**豈曰小補之哉**」，人不要輕視自己，尤其一個知識分子，不要輕視了自己的責任，要立志對社會有貢獻，對宇宙有貢獻，有天地一樣的胸襟。

前面提到過，張載（橫渠）有四句話，「爲天地立心，爲生民立命，爲往聖繼絕學，爲萬世開太平」。凡是知識分子，都應該有這樣的志向和抱負。出世修道，也同樣是「爲天地立心」。因爲維持文化精神的人，雖寂寞窮苦，但是他們是「爲天地立心」；而那些延續人類文化於不墜的人，就是「爲生民立命」，在佛學上講，就是延續「慧命」。

「爲往聖繼絕學」，就是今日我們所說的孔孟之道，這是我們中國的文化，說來非常可悲，已經是命如懸絲了。這一民族文化的命運，如千鈞的重量，只有一根絲在吊住，連我們這些不成器的人，也被稱作學人。而我們自己反省，並沒有把文化工作做好，而且白髮蒼蒼，垂垂老矣。再往後看，還未曾發現挑起「爲往聖繼絕學」責任的人，所以青年們要立志承先啓後，而且能繼往才能開來。

與這四句話有同樣精神的，是佛家《六祖壇經》中的：「眾生無邊誓願度，煩惱無盡誓願斷」，二者雖儒佛不同，但意義相同，不要有門戶之見。

孟子在這裡，爲中國文化思想哲學，立下一個千古不移的原則。他說，「**仁言**」不如「**仁聲**」那樣能夠深入人心，產生較大的作用。也就是說一切言語文字的教化，比不上聲望的影響。「**善政，不如善教**」，好的政治，不如良好教育對人的影響，因爲受教者是終身獲益的。「**善政，民畏之**」，一個好的政治方案，好的法令，可以應付現實的問題，但其利益、效果，到底有時間、空間上的限度；時過境遷，則另當別論，不能對永恒的未來，有所改善。教化則不然，「**善教，民愛之**」，如孔孟之道，千秋萬代，永遠有益人類，太陽沒有毀滅以前，他的價值永遠存在。所以「**善政，不如善教之得民也**」，這句話對於低吟「命薄不如趁早死，家貧無奈作先生」的教師們，是一種鼓勵，可以寫來貼在案頭，自我安慰一番了，因爲教育家負擔的是善教之責。

孟子申述，良善的政治，固然得人民的愛戴，「**善政，得民財**」，一個方案下來，可以立即得到利益。但施政必依法令，法令對人總有所限制，老百姓遵行法令，多出於怕犯法的心理。「**善教，得民心**」，對於善的教化，老百姓就以歡喜的心情，愛好的心情而接受。所以善政就得民財，善教就得民心。

中國上古的政治哲學，是「作之君、作之師、作之親」，三者並重的，也是相互兼施的。爲政者是作之君，是領導人；同時也是作之師，兼負了教化的責任；也是作之親，像大家長一樣，養育百姓。後來，君道與師道分途，兩者始終不能合一，這是人文歷史的演變。

下面，大問題來了，這是孟子學說的中心問題。

# 人性的良知良能

孟子曰：「人之所不學而能者，其良能也；所不慮而知者，其良知也。孩提之童，無不知愛其親也；及其長也，無不知敬其兄也。親親，仁也；敬長，義也。無他，達之天下也。」

孟子提出來的「良知」「良能」，成爲不得了的重大問題。這兩個名辭，影響了整個亞洲各民族的哲學思想，約有八百多年到一千多年之久。

王陽明的哲學，影響了日本文化，成爲日本明治維新的眞正文化中心，也就是王陽明所闡述的良知、良能之學。這個學說，在國內自明朝到清朝的六七百年之間，也產生非常大的影響。尤其在佛教禪宗方面來說，王陽明的學說一出來，就掐住了禪宗的喉嚨，需要抽痰開刀了；但也有許多禪師，是在王陽明的學術影響之下而悟道的。

王陽明悟的是什麼？就是孟子說的「**良知**」，而佛說的「般若」也是「**良知**」。「佛即是心，能生萬法」就是「**良能**」，神通妙用也就是「**良能**」。王陽明曾學過道家，也學過佛家；後因被謫到貴州龍場，自己在山洞裡閉關打坐，工夫已做到有神通，能夠先知了。有一個朋友去看他，在三天前他就預知了。王陽明悟道以後，採用了孟子的「**良知**」「**良能**」，提出所謂的四句教：

**無善無惡心之體　有善有惡意之動**
**知善知惡是良知　為善去惡是格物**

王陽明的功業文章，很了不起，但是對於他的四句教，我也曾在民國四十四年出版的《禪海蠡測》中，評論過他，現在不再多說。

至於孟子的這兩句話，也是很值得討論的。他說「**人之所不學而能者，其良能也**」，不學就會做的，就是「**良能**」。那麼小孩子偷糖果吃，也是「**良能**」嗎？「**不慮而知者，其良知也**」，不經過考慮而知道的就是「**良知**」。像有的人，天生有偷竊癖，有家有當，豐衣足食，可是看見窮人家兩隻雞，他還是會不加考慮的偷來，這種不慮而知道去偷的知，也是「**良知**」嗎？所以孟子這兩句話，哲學的道理完全對，用的文字有問題。同樣的，「**不學而能者，其良能也**」，也有問題，小孩子「**不學而能**」的事多得很，孩子的破壞性很大，見到東西，尤其是新奇的東西，喜歡拆解破壞；對於一些小動物，喜歡弄死，這也算是「**良能**」嗎？所以這一段，是孟子學說的中心所在，可是值得討論的地方，實在太多了。

他又說：「**孩提之童，無不知愛其親也；及其長也，無不知敬其兄也**」。我不完全同意孟子這幾句話，說得未免太籠統了。他說「**孩提**」，這已經不是嬰兒，是由大人牽著手走的四五歲上下的孩子了。他說這樣的孩子，統統愛父母。這可是不一定，學過兒童心理學的就知道，有太多的孩子，天生不喜歡自己的父母。嚴格說來，嬰兒喜歡母親，也並不是由於孝心，只是他需要吃母親的奶水，是利害關係。一般說這就是孝，就是愛，那是知識分子加上去的。人類的本性究竟是善是惡，是否可愛，是一個大問題。孟子強調「**孩提之童**」，個個都知道「**愛其親**」；等他長大了，個個都知道「**敬其兄**」，也是有問題的語句，因為兄弟姊妹間成冤家的多得很。人性是很可怕的，究竟是否像基督教說的，吃蘋果變壞了或被蛇誘惑，眞是一個大問題。

再看他下面的結論，「**親親，仁也**」，親愛自己的親人，是對人類同情；「**敬長，義也**」，愛自己的兄長，同時也愛別人的兄長。「**無他，達之天下也**」，孟子說，這沒有其他理由，這是人類的眞理。孟子這些話大有問題，需作徹底的討論。

王陽明的學說思想，就採用孟子的這兩個名辭，「**良知**」與「**良能**」。陽明先生特別注重於「**良知**」，認爲「**良知**」是人的天性之知，等於佛法所說的覺性。而陽明學說的重點，在「起用」——即知即行。

孟子對於「**良知**」「**良能**」的觀念，在原文中他下的定義是：「**人之所不學而能者，其良能也；所不慮而知者，其良知也**」，這是兩個大原則，這是講心性的「知」與「能」。他認爲「能」與「知」是不學而會的，例如小孩子不學就會做的，就是「**良能**」；不經過思想考慮而知道的，就是「**良知**」。

有人作哲學的比對，認爲孟子的「**良知**」，就是西方哲學中，法國人柏格森所稱的「直覺」。現在更有人認爲，禪宗的悟道，是一種「直覺」的作用。至於柏格森所說的「直覺」，與孟子所提出的「**良知**」「**良能**」，是否相同，是一個值得研究的問題。但是，以一個翻譯的名辭，任意用來湊上做研究比對，這是很危險的事。研究學說，應該持「知之爲知之，不知爲不知」的態度，看見一個名辭，不可任意拿來引用作比喻，必先探究來源，瞭解它的含義，然後方可引用。

再看孟子對「**良知**」「**良能**」所引申的理由，他說一個小孩子就自然愛他的父母，這就是「**良知**」。可是相反的一派，主張人性本惡的法家，觀點就不同了，認爲小孩子的愛父母，不是本於人性的善良，而是爲了利害的需要，有奶便是娘。假如一個嬰兒生下後，抱離父母，由另外一位母親養育，餵他奶吃而眞愛他，這孩子也一定愛這個母親。如以現代心理學來分析，也是如此。而孟子認爲小孩子愛父母是天性，長大了就愛兄弟姊妹，這是不一定的，意見相反的非常多。

縮小範圍來研究，孟子所說的「**良知**」「**良能**」，究竟是什麼？這個「知」，這個「能」，到底是什麼？

孟子在這裡所說的話，和告子所說的一樣，他們幾位所辯論的人性，都是指後天的性，是父母生下來以後的，不能代表形而上的本性。所謂父母未生以前的本性，究竟是善良，還是不善良，這是一個大問題。

因此聯想到老子所說的「天地不仁，以萬物爲芻狗」，一般人向來歪曲了老子的意思，說老子認爲天地無所謂仁愛，只是在玩弄萬物；而所謂天心仁慈，只是人類的一種觀念而已。如果天地眞的由於仁慈生了萬物和人，爲什麼又讓他們生病、煩惱、死亡？這不是天地自找麻煩嗎？如果天地生人，都不老不死，該有多好！太陽永掛中天，連電燈也不必有了；大地自然會冒水，也不必下雨了。可是天地偏要製造許多矛盾，這就是「天地不仁，以萬物爲芻狗」。

一般人這樣解釋，可以說是歪曲，是誣衊了老子。我認爲這兩句話是說：天地無所謂仁或不仁，無所謂善，無所謂惡，天地生長萬物，都是看做芻狗一樣，完全平等。古代的祭品中有狗，後因不願殺生，便以芻草做成狗來代替，名爲芻狗。在祭祀以後，就拋棄了。所以天地生長萬物，是任萬物自然而生，自然而滅，無所謂仁與不仁，更不是玩弄。所以老子這兩句話，只是說明自然的道理，不能往壞的方面去解釋。

由於老子這兩句話的說明，依據邏輯，可以引證，對於形而上的本體而言，可以稱爲良知或不知，或良能，或無能，或能而不能，或知而不知，均可；並不必要強調一定就是「**良知**」「**良能**」。

再向好的方面看，良知與良能這兩個名辭，孟子所說的是對的。「**良知**」是人性的好知，但有時候是邪知、歪知，那個知就不大好了。孟子所以說「**良知**」，是因爲他的思想始終站在人性本善的觀點上說話，凡是善的事情，自然都是「良知良能」。但這項學說有一個漏洞，就是邪知、歪知，以及壞的行動，是不是「良知良能」？如果說壞的行動，是後天的習氣而來，在理論上就有了問題。

良知良能經孟子提出後，影響了中國文化思想達一兩千年之久。這個問題，西方有些哲學家，在唯心道德理論上，與孟子的這一理論是相合的。另有一派非道德的學派，則認爲孟子這一說法不夠哲學，甚至說中國人沒有哲學。其實人倫道德本來是以行爲作基礎的，硬套上一個哲學的帽子，談到形而上的本體，就不通了。例如孟子所提的，小孩子天生有善良的本性，但他引用的例證，則不足採取。

再回溯看孟子的老師子思，在《中庸》中所說的話——雖然有人說，孟子並未跟子思學過，子思死的時候，孟子只有十幾歲，但是子思很器重孟子，曾說這個孩子將來會成聖人。這些考據的事，這裡不去討論，但看子思著的《中庸》，其中也沒有提到「良知良能」，祇說「天命之謂性」，對於心性，一如佛家說的「一切眾生皆是佛」，只是自己沒悟，所以不知自己是佛。《周易．繫傳》上的「百姓日用而不知」，也是這個意思，自己不知道自己就是聖人。

但《中庸》中還有一句話，「君子之道，費而隱，夫婦之愚，可以與知焉，及其至也，雖聖人亦有所不知焉」。這是說一個人眞正悟到了「天命之謂性」，就達到了聖人的境界，但聖人不知道自己是聖人，如果知道了，那就不是聖人了。所謂「夫婦之愚，可以與知焉」，就是說，在男女飲食之中，也可以悟道，雖達到了極點，聖人也不知道。這幾句話很妙。

《中庸》一開頭就說：「天命之謂性，率性之謂道，修道之謂教。道也者，不可須臾離也，可離，非道也」。像這一類古書，希望今日的知識青年，能夠熟讀背誦，瞭解它的意義，才不愧是中華民族的子孫。四十多年前，有一位留德的著名黃醫師，她是江蘇的世家子弟，對國學有相當造詣。她說在德國時，有一次去跳舞，召來一名舞男，她最初還不大看得起這個以伴舞謀生的德國青年，但那個舞男說是大學畢業，而且讀過《老子》，並且立即用中國話背誦：「道可道，非常道，名可名，非常名。無，名天地之始，有，名萬物之母……」不但背得滾瓜爛熟，而且解釋得也很有一套。所以這位留德的女醫生就說，將來中國文化，必有流行於世界的一天，凡我國青年，千萬不要忘了自己的文化，否則到了國外，反不及外國人瞭解得深切，那就太慚愧了。

現在回到本題上來。《中庸》既說「天命之謂性，率性之謂道」，本性是永遠存在的，悟道的時候怎麼悟？前面說到《中庸》：「夫婦之愚，可以與知焉，及其至也，雖聖人亦有所不知焉」。意思是夫婦之愚都可以知「道」，可以悟「道」，可是「及其至也，雖聖人亦有所不知焉」，照文字去解釋，是說連聖人都不清楚，這還算是悟道嗎？這又成爲一個大問題了。

到了明朝理學鼎盛的時代，有一位讀書人，去向密雲圓悟禪師請教。這個禪師是明代一位不得了的大禪師，但是他和六祖惠能一樣，也是貧苦出身的，沒有讀過多少書；可是他悟道以後，豁然開朗，什麼都會了。這個讀書人問他：「雖聖人亦有所不知焉」這句話是什麼意思？這和佛說到菩提道

「不可說，不可知」一樣。密雲悟禪師說，你讀了一輩子書，這個道理也不懂麼？「具足凡夫法，凡夫不知；具足聖人法，聖人不會；聖人若會即同凡夫，凡夫若知即同聖人」。這位讀書人一聽這幾句話，佩服得五體投地。

他這四句話就是說，本性這樣東西，人人都有，也就是「一切眾生皆是佛」，人人具足天性，所以人人也都是聖人。凡夫不知，因爲沒有悟，不知道自己就是佛；凡夫一悟了道，見到本性，就成佛了。可是，成佛以後，一天到晚心想：「我成佛了，你們大家都是迷的」，這就是「聖人若會」。聖人悟後，如果還抱著這個道不放的話，那麼「即同凡夫」，還是個普通人，等於沒有悟。這就是《中庸》爲什麼沒有說到「知」的原故。

我們又回溯上去，看子思的老師曾子，是怎樣說「知」的道理。曾子所著的《大學》一書中說，「知止而后有定，定而后能靜，靜而后能安，安而后能慮，慮而后能得」。又說「致知在格物」，將「知」字提出來了；接著又說：「物格而后知至，知至而后意誠，意誠而后心正，心正而后身脩，身脩而后家齊，家齊而后國治，國治而后天下平」。

他這裡「致知」與「格物」相對，其中的道理，後世沒有很好的闡述，只有以禪宗的道理來解釋，才比較切題。「致知」就是「頓悟」，「格物」就是「漸修」，「致知在格物，物格而後知至」就是說，欲想頓悟，非漸修不能頓悟；漸修欲有成就，非頓悟不能有漸修的成果。

但是要注意，《大學》的「知止而后有定」，與《中庸》裡的「夫婦之愚，可以與知焉」，其中的「知」，都是講知的用，也就是心性的作用。心性的第一個作用是「知」。

再回溯上去找祖師爺，就是曾子的老師孔子，他提出來：「智、仁、勇三者天下之達德也」，這也是講用，沒有提到本性。而到了孟子，則講「良知良能」，好像是悟到人性的本來，尤其到了宋明理學家們，強調「良知良能」就是本體的作用。因此宋明理學家，非常反對佛，反對禪，也反對老莊，反對道。因爲佛與道兩家的人，在王陽明認爲，知而不能起行，是落空的，光在那裡關門打坐，得了道有什麼用？這個道不能起用，不能行，不能救天下、國家、社會、眾生，所以沒有用。因此他主張「知行合一」。

他們這樣一來，就犯了一個錯誤，把形而上本性的體，與形而下行為的用，混為一談，成了體、用不分。他們之所以犯這樣的錯誤，是根據《孟子》這裡的「良知良能」而來的。可是這並不是孟子的學說不對，而是他在這裡所說的話，交待不清；在措辭舉例上，把「良知良能」，說得「很像」是道的本性，以致宋明理學家們，就把體和用混淆在一起了。

再回頭看看佛家，在經典上提到「知」，是用「智慧」的「智」這個字。中文的「智」這個字，還不夠表達那個見到本性的「智」，所以多直接譯音為「般若」。勉強用中文來解釋，般若就是最高最大的智慧，在《圓覺經》上曾說：「知幻即離，不作方便，離幻即覺，亦無漸次」，大家要做工夫修道的話，不論哪一宗派，這幾句話好得很，都是做工夫最切要的。

「知幻即離」，知道自己的妄念只是妄想、幻想，大家閉起眼睛打坐，實際上在打妄想。明知妄想是虛幻的，可是除不掉，覺得兩腿有工夫，就是妄念除不了，都在為此而困擾。

而佛告訴你，當你知道這個念頭是妄念時，那個妄念早已經跑掉了，

「不作方便」，不須用方法去除掉它。可是大家犯了一個錯誤，總認爲妄念來了，怎樣才可以除掉呢？而實際上你剛剛的妄念，已經繞地球一圈到了外太空，早已無影無蹤了；而你想除掉妄念的念頭，豈不又成爲另一個妄念了嗎？所以「知幻即離」，知道它是妄念的時候，妄念已經走了，它不會停留的，不必用什麼方法去除掉它。

「離幻即覺，亦無漸次」，離開妄念以後，很清淨的一刹那，就是覺性，沒有什麼小乘、大乘、初地、二地等等的分別。

在理論上，大家懂了這四句話，好像喝了咖啡，吃了冰淇淋一樣，心裡非常舒服清涼，認爲佛到底是很高明的。問題在於佛高明，我們並不高明，因爲「離幻即覺」的這一「覺」，留不住，剛剛有一覺，又變成了妄想；剛說「不作方便」，只要把這一覺保住就好了，現在這一覺又睡覺去了。所以不是醒覺之覺，而成了睡覺之覺，又糊塗了。大家修道的痛苦就在這裡，這是用功方面。

在理論方面，《圓覺經》上這句「知幻即離」的方法，也是用，並沒有說到體。後來有一位禪師說過：「知之一字，眾妙之門」，眾妙之門這句話，出於《老子》，禪師是借來用的。這是說「知」有如此重要，我們的犯錯、犯戒、犯罪，就是因爲不知，所以糊里糊塗犯了錯。據說，如果能知的話，就不會犯錯。這是「據說」，以我個人研究人類的心理，有許多人明明知道別人的東西不可拿，拿了則不道德；同時又知道這個東西很可愛，於是理智上的道德觀，與情感上的愛欲，發生了戰爭，結果情感戰勝了理智，不管道德不道德，拿了再說。這兩個「知」，不知道誰是哥哥，誰是弟弟，往往如此矛盾。所以「知之一字，眾妙之門」，如果認爲這個「知」就是修道、悟道最重要的東西，則是錯誤的。

如果有這一「知」存在，永遠不能成功；認爲這一「知」——靈明覺知，就是道，也是錯誤的。因爲這一知還是意識，是第六意識的妄想境界，所以修道不能成功。

例如唐代的香嚴禪師，他從學的是天下第一明師百丈禪師。對於禪理，香嚴非常高明，可以一問千答；對於一個問題，他可以作十面的答覆，可是他還是沒有開悟。百丈死後，他只好去找師兄溈山禪師。溈山對他說，你的道理都對，就是沒有實際開悟，你在這裡少講道理。又過了很久，香嚴就是悟不進去。有一天自覺悟不了，不修行了，就跑到南陽忠國師那裡去種菜，心想如此過一生算了。有一次在種菜時，地上有一塊瓦片，他拾起來一丟，剛好落在竹子上，「碰」的一聲，他開悟了。這叫做「有意栽花花不發，無心插柳柳成蔭」。於是作了一個偈子：

**一擊忘所知　更不假修持**
**動容揚古路　不墮悄然機**
**處處無蹤跡　聲色外威儀**
**諸方達道者　咸言上上機**

悟了以後，要忘「所知」，連悟的這一知都是多餘。再回到《孟子》這裡，把他的「良知良能」拿出來看看，到底是怎麼個東西。

我們以現代知識來研究，嬰兒剛生下來，是有知或是無知呢？他「哇」的一聲哭了，但那是哭或是唱歌，誰也不敢肯定，可惜我們自己也忘了。今天的禪宗和今天的儒家，已與往古不同，就要問這個問題了。如果說嬰兒無知，他確有一個知，就是孟子所說的，「**不慮而知**」的知，也有「**不學而能**」的能。嬰兒餓了一定會哭，可見他「**不慮而知**」，這是天生的。如果站在醫學、生理學或唯物哲學的立場來研究，認爲這是唯心的理論，那是錯誤的，因爲肚子餓了會哭，不是知不知的問題，是生理上腦神經的自然反應。

嬰兒會抓東西，歡喜踢腳玩，長大一點又喜歡跑路，中年手動得多，玩手。年老手腳都不大願動了，只好坐在那裡回想，玩頭腦，頭腦玩完就走了，這是人生的歷程。可是嬰兒抓住一件東西，這是不是良能？在現代醫學上則叫做人的本能，是神經的反應，這與道德的良與不良無關。「良」是哲學家加上的一個字，加的對與不對，科學家不置可否，你愛加就去加吧。

我們如果列舉古今中外，各種不同的意見來對比，那就太多了。現在只從大的綱領上，扼要說到這裡。

現在，我們將《孟子》本身的學說，把他前後所說過有關的話，連接起來做研究，應該說，孟子所說的良知、良能並沒有錯，問題在於他文字的說明運用不太清楚。孟子對於「人性」，不論是先天的、後天的，都是從「性本善」的哲學主張而來，如佛家所說「無始以來自性本來是光明」。人從娘胎中生下來開始，就屬於後天，後天所染的習氣，就是「習相遠」。把這種習氣的動作，當作了自性光明善良的一面來看，是孟子以後一般人的錯誤解釋。

孟子提出來的良知、良能，重點在「良」字上。是善良的知，善良的能，也就是《大學》上「止於至善」的那個至善的境界。他如果說，有些孩子天性篤厚，壞習氣沾染得比較少的，所以「**無不知愛其親也**」，「**無不知敬其兄也**」，那就清楚了。所以爲了說明他這一段書，要把古今中外與他相反的理論都列舉出來，然後，只有借用佛家的理論，來爲他作解釋，才能瞭解他所說的眞意。至於後世的理學家如王陽明先生，囫圇吞棗，一股腦兒沒頭沒尾的引用，對孟子的學說作不清楚的界說，反而搞得更加紛亂了。

現在，我們再看下去，孟子自己在後面的解釋，就更清楚了。

# 人的等別

孟子曰：「舜之居深山之中，與木石居，與鹿豕遊，其所以異於深山之野人者幾希；及其聞一善言，見一善行，若決江河，沛然莫之能禦也。」

孟子曰：「無為其所不為，無欲其所不欲，如此而已矣。」

孟子曰：「人之有德慧術知者，恆存乎疢疾。獨孤臣孽子，其操心也危，其慮患也深，故達。」

《孟子》這幾行書，闡述了良知、良能的道理，這是最好的說明，也是對他的說明最好的註解。這並不是說孟子的文章寫得不好，而是上古時代的文章，力求簡練，後人看來易生誤解。孟子接連不斷的發揮，有時拿事情來舉例，有時用比喻來解釋，實際上，上下文的義理、思想是一貫的。可是宋儒（朱熹）這一系統，偏偏自作聰明，認爲《四書》不合文章體裁的邏輯，把它切斷分割，分章分句，叫做「四書章句」。這樣的自以爲是，反而變成斷章取義，把重要的文句變成一個章節段落，使原本整體連貫的思想原則，變得支離破碎。從南宋以後，歷經元、明、清六七百年之間的政權，遵循「四書章句」，以此取士考取功名，使孔孟聖人之道困於章句之學，導致儒家偉大的學術思想，被後人唾罵爲「吃人的禮教」的教條，因此便要打倒孔家店。

孟子說，人性天生是良善的，提出大舜作一證明。他說「**舜之居深山之中，與木石居，與鹿豕遊，其所以異於深山之野人者幾希**」。舜出身的家庭，是所謂「父頑母嚚弟傲」，父親愚頑不化，母親潑辣不講理，弟弟又桀驁不馴。舜受父母弟弟的迫害，被攆出家門，流落在歷山的深山中耕種，和野生動物爲伍，在林木山石中生活，當然無法接受教育和道德的培養。可是他沒有變成野人，不但有學問，還有很高的修養，乃至成爲歷史上的聖王。

這就是因爲他發揮天性中善良的德性，不像我們凡夫，聽到一件不對的事就發怒、批評；聽到一件好事，就懷疑或者妒嫉。舜天性善良的品德，「**及其聞一善言，見一善行，若決江河，沛然莫之能禦也**」，他聽到善言，看到善事，他裡面善的情緒，就像水庫放水一樣，滔滔而來，立刻接受，又感謝又恭敬。

孟子跟著說出舜發展善良德性的道理：「**無為其所不為，無欲其所不欲，如此而已矣**」，人性有善有惡，因爲無始以來，人性原本是善良的，然而經過人生習氣的染污，於是人性就有了善惡之分。但是一個人如果天性善良，在他處境最惡劣時，也會表現出善的一面。就像一個殺人不眨眼的人，面對自己的兒女，和所愛的人時，仍會流露出他的慈愛心。或者一個瘋子，當看見他心愛的人時，也會有慈愛的面容。所以人要修養，佛家說修行，不應該做的事，就絕對不要去做；在先天本性上，所不希求的，所不必要的，就不要去扭曲自己的良知之性，如此而已。修行就是去惡爲善，把理智的力量增強，把後天的慾望減少，直到完全去掉，漸次就可以達到聖人的境界。

因此，孟子說：「**人之有德慧術知者，恆存乎疢疾**」。一個做大事業的聖人、英雄，在人生的路途上，都曾遭受過很多重大的挫折，所以才會有大的成就。一個人道德修養的完成，或者知識的淵博，或者技能、藝術、學術、文章方面等等的成就，乃至徹悟心性最高的智慧，常常在心理上，有無法告人的隱痛，以及負擔、煩惱等等的逼迫，或者身體上有疾病的痛苦。如果能突破這些障礙站起來，就有所成就。

爲什麼身心上困頓痛苦的人，成就會大呢？「**獨孤臣孽子，其操心也危，其慮患也深，故達**」，因爲是「**孤臣**」，是「**孽子**」。像舜的一生，他在生命的路途上，一開始受到的困難坎坷，就是「**孤臣孽子**」的心情，所以他對一切事情「**其操心也危**」。危字有雙重意義，一是危險之危，就是看每件事情，都隱伏危機，不像沒有吃過苦的人那樣，把事情看得很容易；另一個意思是，危者正也，居心純正，隨時怕自己犯錯誤，如臨深履薄，不敢亂來。「**其慮患也深**」，所考慮的問題，所顧慮的後果，都非常深刻、深遠，使反對的人沒有意見。因此比一個在順心環境中成長的人，看得更爲深遠通達，所以後人有「世事洞明皆學問，人情練達即文章」的名言。

孟子在前面舉出，歷史上公認舜是一個大孝子，但瞭解舜的一生，才知道舜所受父母家庭種種折磨煎熬，得不到諒解的心情，非常困苦。可是他無怨無悔，積極修養自己的道德以達到最高的成就，成爲一代聖君。他是一個眞正大孝於父母、大孝於天下百姓的大孝子。記得前人有一名聯：「世事多因忙裡錯，好人半自苦中來」，此言的確不虛。

舜的一生，是在這樣惡劣的環境中，逆來順受，轉逆爲順，發揮了孟子所謂良知良能之本性。讀到這裡，自然就貫通孟子上面所提出良知良能的涵意，並可以解釋爲人性光明善良的一面了。

接著由個人修養，人性的善良面，再說到作人處事：

孟子曰：「有事君人者，事是君則為容悦者也；有安社稷臣者，以安社稷為悦者也；有天民者，達可行於天下而後行之者也；有大人者，正己而物正者也。」

孟子又作了一次人格、人品的分類。由人性的光明善良面，再講到一個人的成就，這是從「**人之有德慧術知者，恆存乎疢疾**」一段連接下來的。他說從政的人，有不同的幾類，我們要先把人生觀確定，準備將來作一個什麼樣子的人。這和將來賺多少錢、有多少資產，或子孫滿堂等等，都不相干，因爲這種種的情況，都不過是作人的一番景象而已。當院長、部長、大將軍、大元帥，也是作人；作老百姓，也是作人。不管你是怎麼窮通富貴，但個人自己的人生觀首先要確定，知道自己要作哪一種人。

孟子說，有一種人去作人家的部下，或爲升官發財，或爲獲得領導人的信任而爲社會做一番事情，所以伺候主管，並且要迎合主管的心意。例如爲了找工作，要去見一位總經理，就要先打聽一下，他是喜歡長頭髮或短髮型，喜歡青年裝或西裝，然後順著他的意思穿著，再去見他，這就是「**為容悅者也**」，要合於他的意思。

第二種人出來做事，目的是不同的，他是爲了社會、國家、天下而出來從政的，那麼他的快樂，建築在事業的成就、抱負的施展上，如果達不到這個目的，他絕對不幹。

第三種人就很高了，叫做「**天民**」，是替天行道。這一種人是自己先行估計，能替社會做幾分貢獻，能有貢獻才會出來做事。

最後一種是聖人，在儒家叫做「**大人**」，是「**正己而物正者也**」，這種人無所謂權力與地位，也無所謂站出來或不站出來，他是眞正的天下之大人，無論當皇帝、當官、賣菜，都一樣。大人就是大人，是正己而後正人的人；不但自己是正人，又是使天下萬物，皆得其正的人。等於佛家所說的菩薩道，自利利他，度盡一切眾生；也等於其他宗教所說的博愛世人，此之謂大人。以儒家的立場，所謂成佛昇天，不過是成爲一個大人而已。

孟子從人性的良知、良能，說明人性的用，而說到了作人做事，他把人格做了分類以後，下面再講另一方面的人與事：

# 君子有三樂

**孟子曰：「君子有三樂，而王天下不與存焉。父母俱存，兄弟無故，一樂也；仰不愧於天，俯不怍於人，二樂也；得天下英才而教育之，三樂也。君子有三樂，而王天下不與存焉。」**

古代稱君子，是指有道德、有學問、有修養的人。

孟子說，一個君子，有三樣事情是他人生眞正的快樂，就算拿皇帝之位來交換這三種快樂，他也不幹。第一是有圓滿的家庭，父母都快樂安詳健在，兄弟姊妹之間和睦，沒有人當太保，也不會出意外，無災無病。

第二，隨時隨地，上對得起天，下對得起一切，到城隍廟燒香，面對閻羅王都不怕，因爲沒有犯過罪，沒有做過虧心事，所以看見人，心不跳，臉不紅。「**怍**」就是在測謊機上顯示的不正常跳動頻率，一個人光明磊落，沒有任何事對不起天地鬼神及人類的，這是第二件快樂事。

第三，「**得天下英才而教育之**」，這是第三件大快樂，但它的構成條件是要有「**英才**」，如果「得天下笨才而教育之」，就「苦」也。當然「**英才**」是很難得的，有些人教也教不好，說他好並不好，說他壞又並不頂壞，而是一種「陰」才，這就在不苦不樂之間了（眾笑）。

最後他又把開頭的一句話重複一次：「**君子有三樂，而王天下不與存焉**」，這是他的感嘆！

這三樂，孟子有了一樂半，因爲他的父親已不在了。孔子則沒有第一樂，孔子的一生很苦，他的哥哥姐姐，從小都靠他養，而且孔子奉養的母親是後娘。第二樂，他們兩位都做到了。第三樂，孟子大概不勝感慨之至，孔子也沒有完全做到，因爲孔門七十二賢人，賢到什麼程度就不知道了。至於說教育出來能夠齊家、治國、平天下的「**英才**」，孔子門下沒有，孟子門下也沒有。

有人說，還有一個人，也只做到一半，那是隋唐時期的王通，他自比尼山，儒、釋、道三家都通的，也是大徹大悟的人。最初他也有志出來統一天下，後來和隋煬帝見面談話後，看到國家天下的形勢，並不如他想像中那樣，便立即回家講學河西，培養青年人才。後來唐太宗手下成名的將相，大多是他的門人，王通可以說是「**得天下英才而教育之**」。所以王通死後，他的學生們，私謚他爲文中子。爲什麼由門人私謚而政府沒有贈謚？在唐朝的歷史中，連他的傳記也沒有，據說由於其弟王凝任監察御史時，劾奏唐太宗的舅子長孫無忌的友人，所以隋唐史中，沒有他的傳記。但滿朝文武百官，他的門人們，私謚他爲文中子，等於是當代孔子。

這裡看到，孟子在人生的目標上，訂立得如此遠大，而孟子自己也沒有做到，可見人生事業的難爲。

**孟子曰：「廣土眾民，君子欲之，所樂不存焉。中天下而立，定四海之**

**民；君子樂之，所性不存焉。君子所性，雖大行不加焉，雖窮居不損焉，分定故也。君子所性，仁義禮智根於心；其生色也，睟然見於面，盎於背，施於四體，四體不言而喻。」**

這是孟子再三說明君子有三樂之外的修學境界，因此而說，即使貴爲天子，也是平常的事，不算什麼。

孟子首先說，一個人當了皇帝，領土大，人民多，爲世界大國，哪一個人不希望這樣？但是一個人縱使當了帝王，也不見得能有君子的三樂。

研究古今中外的帝王，可憐的太多了。了不起的帝王如漢高祖、唐太宗、西方的拿破崙等等，他們也只統治短短一段時間就過去了。只有自稱十全老人的乾隆，當了六十年的皇帝，老了交給兒子，自己當太上皇，在宮中靜修，唸密宗的咒語，偶爾管管閒事，眞是十全。但是他樂不樂？一點也不樂，煩惱事情很多。所以當了皇帝，雖然「**廣土眾民**」，但並不樂。這就是爲什麼孟子教年輕人，先建立自己的人生觀，認清楚人生的目標，不要去盲目睹鬧；沒有確定目標，沒有建立人生觀，皇帝可以作，宰相可以當，可是，那也只算是人生生命經歷的一場鬧劇，「你方唱罷我登場，卻認他鄉作故鄉」。

其次說到作聖人，「**中天下而立**」，是志願在亂世中，做中流砥柱；換言之，是頂天立地，獨立而不倚，不亢不卑，爲萬世人格的修養標的。「**定四海之民**」，做到齊家、治國、平天下，如周文王一樣。多了不起啊！但是，這只能說是立功，談不到立德，所以有人不走這個路子，孔子、釋迦牟尼，就不走這個路子。像釋迦牟尼佛，他天生可以當皇帝，本來就是太子的身份，可是他不願意，雖然「**中天下而立，定四海之民**」，然而「**所性不存焉**」，不能成道，不能超凡入聖，只能成一世的功業，不能成千秋萬古不朽的德業。

「**君子所性，雖大行不加焉，雖窮居不損焉，分定故也**」，那麼君子學什麼？學大英雄嗎？雖然做到了堯舜的境界，也並不覺得有什麼了不起。另一種型態，或者去過窮困的生活，雖三餐不繼，也不覺得有什麼損害，這都是本分上的事。能夠安本分的人，就是天下大英雄，英雄可以當帝王，亦可以當乞丐。當帝王對他不會增加一點點什麼，當乞丐也絲毫損害不了他什麼，該如何處便如何。

接著孟子繼續講到修行，這裡從養身開始，前面從盡心而後知性，知性以後修命，修命以後，到這裡是修身。儒家與佛家不同，完全在入世的作人做事上，把道修成，然後可以「**大行不加**」，「**窮居不損**」。

他說眞正的修行，是從心理行爲修起，動心忍性，起心動念之間，都合於「**仁**、**義**、**禮**、**智**」，就是至善。那麼「**根於心**」，內心的修行夠了，「**其生色也**」，然後奇經八脈、十二經脈都通了。「**睟然見於面**，**盎於背**，**施於四體**」，然後臉上的氣色也不同，有光華了，氣很充盈暢達四肢，形體端正，不彎腰駝背，身心舒暢、輕靈、怡悅。「**四體不言而喻**」，一個有道之士，一眼望去，身影自然與眾不同，精神灌透，氣沉丹田，含胸拔背，有一種慈和祥瑞，瀟灑飄逸的風采氣質，像是神仙中人。

這是孟子一生修養的經驗之談，也是他學問修養實踐的自白，照一般世俗的觀念，就是他修道的眞工夫。孟子從動心忍性開始，然後說到性善，講到作人做事行爲。不過儒家和佛家不同，儒家動輒就與實際的從政連起來，因爲古代的知識分子，出來第一步自然就與政治產生關連，所以是由行爲，再講到修行的成就。

因此孟子說修行成功了，有定力，便「**君子所性，仁義禮智根於心；其生色也，睟然見於面，盎於背，施於四體，四體不言而喻**」。其實不管佛家或儒家，都是如此，所以青年人要想學道，求得氣脈通的，先要做到「**盡其心者，知其性也**」。明心見性以後修持，氣脈自然通，否則，要從心理行爲上，改進自己，在起心動念間，念念都在至善，氣脈也自然就通了。這是孟子實際的經驗，他不會欺騙我們的。

孟子有關心性、體用的修養，至此大致已告一段落，他由基本原則，談到實際工夫。所謂仁、義、禮、智是根於心，由心理行爲開始，修養到「**睟然見於面，盎於背，施於四體，四體不言而喻**」的境界。這也是先「窮理盡性以至於命」，檢查心理行爲的修養，工夫到家時，生理自然有了轉變，同時也能徹底明了心性體用的道理。
然後講到起心動念，作人做事的道理，見之於外的行爲，成爲道德的準則，也成爲社會群體的政治倫理。於是孟子舉出伯夷的一段事。

# 養老與全民福利

孟子曰：「伯夷辟紂，居北海之濱，聞文王作興。曰：『盍歸乎來，吾聞西伯善養老者。』太公辟紂，居東海之濱，聞文王作興。曰：『盍歸乎來，吾聞西伯善養老者。』天下有善養老，則仁人以為己歸矣。五畝之宅，樹牆下以桑，匹婦蠶之，則老者足以衣帛矣。五母雞，二母彘，無失其時，老者足以無失肉矣。百畝之田，匹夫耕之，八口之家可以無飢矣。所謂西伯善養老者，制其田里，教之樹畜，導其妻子，使養其老。五十非帛不煖，七十非肉不飽；不煖不飽，謂之凍餒。文王之民，無凍餒之老者，此之謂也。」

伯夷是殷商朝代的宗親，當時對於諸侯們反對紂王暴戾政治之事，伯夷也沒有辦法，只好避世，退避到現在遼東地區。後來聽說文王在岐山實行仁政，很高興，興奮地說：應該回去了，因爲聽見西伯「**善養老者**」。在伯夷那個時候，文王的爵位還是伯，分封在西岐的，所以伯夷稱他爲「**西伯**」。而孟子是戰國時代的人，周朝立國已經幾百年了，文王的諡號也已經尊稱幾百年了，所以孟子的口中，尊稱當時的西伯爲「**文王**」。

伯夷爲什麼聽見文王「**善養老者**」，就會想來歸呢？其實，在古文所謂「養老」這個名辭的內涵，代表了當時農業經濟社會的穩固，把「幼有所養，老有所歸」的社會福利事業，做得都很完備。中國傳統素來對於人民的養生送死，看得很重要，這也是我們中國政治思想上的一個重要特點。養老該怎麼養？例如現在台灣，老人福利機構的設立，對於老人的生活，都有照顧，重陽有敬老的活動，老人疾病免費優待治療，公車免費，以及鰥寡孤獨的老人都有所安養，這是現代社會福利思想的進步措施。

古人所謂的老，並不一定專指年齡高的老人，有時候是代表學問、道德、修養高的人。如國之大老、老臣、老師等等，不一定是年齡很高，這是「老」字的另一意義。

「**善養老**」則代表了社會經濟的富庶、安定，因爲一個時代的變亂，首先遭難的就是老、弱、婦、孺。所以當社會安定了，依據我們中國文化的傳統精神，大同思想的「老吾老，以及人之老；幼吾幼，以及人之幼」的原則，首先應該照顧的，也就是老、弱、婦、孺。所以「**善養老**」這三個字的意義，包括了現代所謂富強康樂的太平社會。當我們讀到這裡的「**善養老**」時，不要以爲只是「好好的養老人」，這個觀念必須要弄清楚。

因爲文王當時在西岐，能夠做到國泰民安，所以伯夷這些人，都願意來歸附他了。

孟子提出來第二個人太公，就是呂望。因爲他姓姜，在助武王伐紂成功後，封爲太公，後世便尊稱他爲姜太公。前面說過他的故事，他遇見文王以前，也是反對紂王暴政的，所以避到東海邊上去住。

「**太公辟紂**」，「**辟**」字與開闢的「闢」字同音義；在《孟子》這裡，則是「避」的意思。有時「辟」字單獨用，如《易經》中有十二個卦合起來，名為「十二辟卦」，代表了十二地支，一日的十二個時辰，一年十二個月的陰陽氣候。「辟」為君卦，又有統率的含義。孟子說伯夷和太公「辟紂」，就是孔子在《論語》中說的「賢者辟世，其次辟地」。古代遇上動亂苦難的時代，很多人「辟世」，就是隱避的意思。在印度的習慣，就是出家入山；在中國的習慣，就是當隱士，脫離這個塵世的社會；再其次不能出世的，就只好「辟地」，避開這個動亂的地區。這裡孟子提出來，在殷商紂王的時代，這兩位高士賢人，都「辟地」去了。後來因為文王興起了善政、仁政，所以他們二人都回到文王這裡來了。

孟子舉了這兩個人的例子後，結論說：任何一個時代、社會、地區、國家，在行仁政的時候，國泰民安，所以人心歸向，仁人、聖人也都來了。

孟子在他的七章書中，經常說到這些人，說到這些事。現在的這一段話，是孟子在晚年時候說的，也代表了他晚年的一種政治哲學的心理。

他又說：一個人家，有五畝的土地種植，在房屋的外面種些桑樹，主婦用桑葉來養蠶、繅絲、織布，這樣生產下來，家裡的老年人，就可以有絲棉襖穿了。當然，現代人只要拿幾百塊錢，就可以買一件假皮衣來穿，也很暖和，可以過冬，不需要自己栽桑養蠶。可是，在那個時代不可能如此，在農業社會，只有用棉花，或絲棉做的冬衣，穿了才不會凍死。

他又說，一個家庭中，只要有五隻母雞、兩隻小豬，每天按時按量去飼養，注意生蛋、孵小雞的時間，就可以有肉吃了，營養也夠了。假定有百畝之田耕種，那麼八口之家，人人都可以吃飽了。

我們讀戰國時代的古書，有兩個要點，第一是，如果以現代人的立場去了解古代，那是大錯。第二，我常說，以台北市民的立場去了解天下大事，全錯。假如我們以現代台北市的立場，去看孟子所說千百年以前的社會，那就錯上加錯，錯得一場糊塗了。

我們不要忘記，從春秋到戰國這一段時間，三百多年都在戰亂中。雖然周朝之初，表面是統一了，實際上是地方分治的狀態。在這種情勢下，言語、文字、交通、經濟都沒有統一；分封的幾百個大小諸侯，相互侵佔吞併，以大吃小。到了孟子的時代，只剩了七個大國，所謂戰國七雄，也都是以非法手段，強權戰勝公理而形成的。結果民窮財盡，不但經濟崩潰，人口稀少，做父母的，費了幾十年的心血，培養出來的子弟，一次戰役就犧牲了。說不定一批優秀的人才，在一次戰爭中，幾分鐘就報銷了，再培養一批人才，又要百年的時間。接連的戰爭，造成人口稀少，土地荒蕪，農業衰落，工業當然不發達，商業更談不上。再看歷史上其他的動亂時期，如南北朝的戰爭，五胡亂華，五代十國的戰爭，結果像理髮一樣，大地剃光了頭，戰爭之後的悲慘情況，是一片荒涼，慘不忍睹。

有了這個了解，才知道孟子不是小器，把五隻母雞，兩隻小豬，都看做寶貝一樣成了財產；實在因爲在戰亂之中，想吃一個雞蛋，也不容易，不像現在，我們可以儘量揮霍、浪費。

孟子說，文王當年，也是經過那樣一個亂世，民窮財盡，命不如雞犬。像我也曾親身經歷過這種戰亂，深深體會到古人所說「寧作太平雞犬，勿作亂世人民」這句話的況味，眞是作人不如作雞犬來得舒服自在。這是現在青年做夢也想像不到的。到了這種時候，正如蘇東坡坐牢時的詩「魂驚湯火命如雞」。

可是在西伯文王這裡，卻能善於養老，怎樣養老呢？「**制其田里**」，就是平均地權。這也是周朝以後，好幾代歷史都想做好的。如漢王莽、宋王安石、以及明朝張居正當政的一代，都想做到而都告失敗。可是現在我們在台灣已經做成功了，三七五減租，公地放領，耕者有其田，以迄於土地重劃，還有農村再擴及都市平均地權的土地政策等等。在文王當時也做到了，而且教導每一個國民，發展農牧，在家庭中教導妻子和子女，能夠孝養父母老人。

關於孝養父母，那是中華文化幾千年來的特點，但也不要以爲西方人絕對不管父母，只是中西制度兩樣。西方人的父母，想到兒女家去，要先得到兒女的同意；作兒女的，於方便時接待，接待多久，也誠懇的告訴父母。這在我們中國人看來，很不以爲然。西方的文化基礎是建立在個人主義上，父母在年輕時，對上一代也是如此，成了習慣，大家都能坦誠相處。中國的情形，如果兄弟多人已經分家，父母要到某兒子家去，兒子媳婦表面熱烈歡迎，心裡卻在嘀咕。所以中西兩種型態，各有長短利弊。尤其是養老問題，兒女孝養本是應該，但很難做好。尤其現代工商社會下的小家庭制度，兒子結婚以後，等於「嫁」出去一個兒子，孝養他的岳父岳母去了。所以文王是教全體國民，要「**導其妻子，使養其老**」。透過這一句話，我們可以了解一個家庭問題，要孝養父母的話，夫妻之間的教育和溝通，是一個嚴重的大問題，不要輕易放過。另一面也可看到文王當時，對於社會教育、家庭教育，都做得很成功。

所以我深深感覺到，長久以來大家所討論的所謂青少年問題，並不是問題，我們在青少年時，也是一樣。青少年就是這個樣子，硬把他們看成一個問題，而爲社會、學校，加上一個責任，這是不對的。青少年如果有些行爲不大正常的，那是家庭教育問題，而家庭教育如果說有問題，那是家長需要再教育。我覺得老年人倒是有問題，對這一代青少年，我們老一代的人應該挑起責任來，不要完全責備年輕人。

不過年輕人聽了我這個意見，也不可自以爲一切責任都在上一代，自己一點問題都沒有了。站在作子弟的立場，問題大得很，至少不聽長輩的指導，不接受父母師長的教訓，輕視上一代的經驗等等，這許許多多，都還是青少年的責任。如何繼往開來，發展新的文化，開創新的歷史，這些都是青少年的大問題。現在所擔心的，並不是過去，而是未來的文化教育。實在講，目前這一代青少年，文化無根，自己沒有建立好文化的基礎，將來如何去開創？萬一根都留不住，中間斷了線，那就慘了，這就是今日青少年的責任。

**「五十非帛不煖，七十非肉不飽」**，這是孟子說有關生命溫飽的兩句話，一直到民國初年都還很流行。這是根據大陸中原一帶的氣候環境來說的，人到了五十歲以後，冬天不穿棉衣，身上就不會暖和。到了黃河以北，冬天非穿皮衣不可，沒有羊皮，也要穿貓皮，否則冷得受不了。再往北到了東北，那就更冷了。在南方像雲南、廣東、台灣等地，氣候容易適應，尤其雲南「四季無寒暑，一雨便成秋」，一年四季都是如此。昆明的青年到北方讀書深造，往往讀了一學期又回到老家，原因是氣候沒有昆明舒服，他們受不了。不過，孟子曾經說過，好的社會、好的食物、好的氣候，會養成「子弟多賴」。

「**七十非肉不飽**」這句話，在現代來說，似乎也不適用了。醫生勸年紀大的人少吃肉，擔心膽固醇增加，會引起血管硬化。可是現代醫學所說的話，不必太迷信，因爲自然科學是天天在推翻舊理論的，是不定的。所以孟子告訴我們，人老了，還是需要足夠的營養，足夠的溫暖。

他說，假如一個社會中的人穿不暖，吃不飽，生活在饑寒困苦中，那麼這個社會就不成其爲社會，不成其爲國家了。而西伯（文王）所治理的地區，可以做到「**無凍餒之老者**」，就是說，他治理下的社會是安定的，因爲他的政治、教育、內政、經濟等等，制度都很健全。

由此我們也可以看出，中國的文化，自大禹王治水以後，幾千年來，一直是農業社會的文化。農業社會是愛好自然的，喜歡歌頌田園之樂，任何時代，任何角落，都充滿這種思想觀念與文學作品。很多做官的人，到了相當時期，請求退休回家，享受所謂「歸田之樂」，可見中國這個民族，非常欣賞自然。

其實也不盡然。假使作一次民意調查，青年們如果要享受田園之樂，那是偶然到鄉下玩玩而已。如果眞的長住下去，除非是鄉村都市化，水電俱全，有一切的設備。古人說「窮居鄉，富居市」，窮了住到鄉下去，有錢就要住到城市去。不過，現代工商業社會，物質文明發達，就反過來了，變成「富居鄉，窮居市」。美國就是如此，像紐約市的大老闆們，下班就開車到鄉下別墅去了，離都市很遠很遠。晚上留在紐約市的窮人較多，樓梯下，亭子間，都可以住。工業社會與農業社會是相反的，所以孟子描寫的，是當時文王治理下的農村安樂境界。

孟子這裡所說「五雞二彘」的境界，今日在台灣長大的青年，因爲沒有經歷過動亂苦難的時代，就看不出《孟子》這段文章背面的意義，歷史變化的背景是非常悲慘的，此其一。

其次要了解，當時連五隻母雞、兩隻小豬的享受都沒有，那種貧窮落後、痛苦生活的煎熬，眞是有難言之痛。所以聖人們要出來救世、救人，就在這個時候發願；並不是打坐、念佛可以解決問題，這是要起而行之的。但歷史上也有鼎盛的時代，像宋代的清明上河圖所描寫的，就是那種富強康樂的社會；清代小說《紅樓夢》，描寫清初社會的太平景象，吃喝玩樂、打牙牌等等。現在賭場中用來巨賭的牌九，就是以前閨房中玩樂的牙牌發展出來的。至於現在流行到西方的麻將牌，傳說就是宋代的女詞人李清照發明的。

太平盛世的人心、思想與這種生活態度與方式，慢慢影響社會人心，道德漸漸趨於墮落，社會逐漸混亂，最後發生戰爭，造成社會的貧窮。不但中國歷史如此，世界人類也是如此，一般人稱之爲循環，佛學上就稱之爲輪迴。

戰國時，老百姓都在「望治」，希望社會的安定、行政的治平，人民能安樂，國家能富強。但富強康樂久了，人心就思變，變久則亂，亂久就慘了。慘痛以後，再回復到望治，而後得太平，人類社會就是永遠這樣輪迴。在政治哲學上看，孔孟所希望的安定，應該是大同思想那樣；如果以歷史哲學來看，人類的歷史苦難，可以說是活該。所以僅僅靠外在的社會、政治、經濟制度，使天下一切眾生得太平，是做不到的，因人心不能平靜。一個有錢的家庭，在夫婦、婆媳、兄弟之間，都會鬧出糾紛，這是社會上常看到的。最大的毛病是有錢，被錢害了；如果沒有錢也就無事可鬧了，可見金錢爲害之大。家庭如此，社會也是這樣，所以孟子說「富歲子弟多賴，凶歲子弟多暴」，我們透過這段書，就可以了解歷史哲學的一個道理。

西方文化有一項專門的學問，叫做歷史哲學，大家認爲這門學問極爲深奧，能到外國讀一個歷史哲學的博士學位，那是不得了的事。但我常勸青年們不必去學這門課程，因爲《三國演義》上的「話說天下大勢，合久必分，分久必合」這兩句話，把人類的歷史哲學說盡了。在外國研究的話，扯上一大堆蘇格拉底怎麼說，孔子怎麼說，囉囉唆唆，抄上許多參考書，結果，還是超越不了「合久必分，分久必合」的範圍。其實，邏輯、辯證，都在這兩句話中了。

# 傳統農業稅的問題

**孟子曰：「易其田疇，薄其稅斂，民可使富也。食之以時，用之以禮，財不可勝用也。民非水火不生活，昏暮叩人之門戶，求水火，無弗與者；至足矣。聖人治天下，使有菽粟如水火；菽粟如水火，而民焉有不仁者乎！」**

孟子這一段話，讓我們知道戰國時代的社會經濟背景，尤其是內政與財經上的問題。

春秋戰國的時候，諸侯分治，各據一方，土地都沒有規劃清楚。孟子一直主張，應該把土地丈量清楚，也規劃清楚，並且要做公平的分配，所以說「**易其田疇**」。

那時，諸侯各國的財政，甚至於戰爭的軍費，都是靠農田賦稅的收入，由於大量的徵收，使得老百姓飯都吃不上了，所以孟子一直主張「**薄其稅斂**」。事實上，中國歷代，對這個問題，都很重視。在一部《二十四史》中，大臣們提出來的，幾乎全部都是有關田賦稅捐的問題，有時候與皇帝諍議得非常激烈。因爲以農立國，沒有經濟生產事業，沒有大規模的民營工生產與商業，政府一切財政上的收入，全靠田賦的徵收。所以孟子說，劃分土地，減少田賦的徵收，就可以使每個家庭富裕起來。

透過這幾句話，就可以看到兩千多年前，尤其在孟子這個時代，家家都窮，那是一個民窮財盡的時代。所以孟子說，只要減少賦稅，老百姓就會富裕起來。

他主張，在財政上，對於老百姓，要讓他們吃得飽，過得去。「**食之以時**」，農業社會，將近半年時間，沒有收成，到了冬季，要給百姓糧食，直到新穀收割爲止。如果只知在他們生產的時候去徵賦稅，而在青黃不接的時候一概不理，還要百姓去服勞役，服兵役，那怎麼可以呢？所以使用民力，也要合於禮制，合乎道理，這樣國家的財經，就不會有問題了。

孟子的意思是說，國家的財政，並不是很難處理，只要有長遠的眼光，照這個原則去做，沒有處理不好的，只是當政的人沒有用心去做罷了。用現代術語來說，就是當政者只知道「殺雞取卵」，不知道「藏富於民」，培養財源。他舉例說，人的生活需要陽光、空氣、水，當時的陽光、空氣兩樣，也是形而下的「**百姓日用而不知**」，所以孟子舉出形相上可見的水火兩樣，是老百姓每日不可少的必需品。

關於水與火，在中國的原始文化中，沒有文字之前，是用坎☵，離☲這兩個卦來表徵。坎卦代表水，離卦代表火，坎也表徵了月亮、陰；離卦也表徵了太陽、火。佛家的四大：地、水、火、風，其中地即地球，也包括了一切固體的礦物質。風即是空氣，流動得快速時則成風。其實我們說「今日一點風也沒有」這句話，不是絕對的，只不過空氣流動得極其緩慢而已，所以風就是氣流。地與風是片刻不會離開人類的，至少在非常長遠的時間內不會片刻斷絕，可是人類生活最需要的，卻是隨時會斷絕的水火。無火種的日子就不易取火，在沙漠地方就缺水；而《易經》的道理，萬物生於水火，亦毀於水火。例如蓋了一幢房子，儘管不曾經過絲毫人力的破壞，但在三五十年以後，經過太陽的曝曬、濕氣的霉腐，就逐漸朽壞了。所以研究哲學與科學，坎離兩卦，就是一個大問題。

在古代，水火是人類生存的基本條件。孟子說，儘管在半夜去叫開別人的門，要求借一點水或火，被叫醒的人也一定會很同情，很慷慨，毫不考慮的會將水、火給人。這是因爲水、火這兩樣東西，是家家都不可缺少的。

他說，人吃得飽，穿得暖，就和水火充足一樣，那就是《易經》的水火既濟卦了。仁政的第一步，是自己經常都有多餘的，如水火一樣充足，自然願意分潤給別人，這樣就沒有不仁的百姓了。

孟子這一段，都是講外用，就是心性的修養與表現於外用的道理相配合。

# 孔子登山　孟子觀水

**孟子曰：「孔子登東山而小魯，登泰山而小天下。故觀於海者難為水，遊於聖人之門者難為言。觀水有術，必觀其瀾；日月有明，容光必照焉。流水之為物也，不盈科不行；君子之志於道也，不成章不達。」**

孟子最後表達他自己的意思，這些都是他議論的文章。

他說：孔子當年出了魯國的東門，登上一座小山，在山頂上回頭看魯國的首都，不過如此。等於我們現在坐在房屋裡面，覺得自己很偉大，但爬到觀音山頂，回頭一看台北，一片烏煙瘴氣，高樓大廈如火柴盒，小得如模型，兒童玩具一樣。如果到高空一看，天下都小了；升到太空，地球也小了。所以孔子再登泰山，就把天下也看小了。因此看過大海的人，對於小的水，也覺得沒有什麼了不起。

上面的東山、泰山、海，都是陪襯的話，重點在於「**遊於聖人之門者難為言**」，這裡的聖人是指堯、舜、禹、湯、文、武、周公、孔子等歷代的聖人。在聖人的門下，眞正能學而有成的，就很難講了。「**難為言**」就等於佛家的「不可思議」，就是太偉大了，無法表達。這和學佛一樣，先要有正見，正確的見解，才能夠修行，科學也是要先把理論弄清楚，才做實驗。學問、作人也是如此，眼光不夠遠大，做起來會錯的。

他繼續說到觀水之術，在一個參究性命心性之學的人看起來，好像沒有什麼味道，因爲講的是入世之道；實際上他講的是「大行」，是與入世法、出世法都有關的。

他說我們遊山玩水，看水是有方法的，這個方法，不經孟子說出，我們都不會仔細留意。他說觀水「**必觀其瀾**」，要看它的波瀾起伏，有時是波濤洶湧的大浪，有時是水波蕩漾的小浪，尤其在陽光、月光下，觀看起伏的波浪，七彩的光色反映眼前，把水的美麗容光都照出來了。

看了孟子的話，如果就到碧潭邊上，或打一盆水在陽光下，用風扇吹起微波，看到水面的七彩映光，就以爲懂得了孟子的看水，那也是錯了。他的意思是說，看水要懂得水是永遠活潑潑的，我們人的心性修養，也不是呆板的，如果修得愣眉愣眼死板板的，就算是修道，也是錯的。因爲此心是活潑潑的，天機也是活潑潑的。

我記得年輕時，與一位有道的老前輩，在西湖邊上漫步；一路上柳綠花紅，非常美麗，一邊觀賞風景，一邊請他傳一點道。他說：你這年輕人，怎麼問這些？你不正忙著看花麼？你懂得看花嗎？我說懂呀！這是桃花，這是楊柳，這是杜鵑……他卻說，年輕人就是年輕人，你根本不會看花，這樣把眼睛都給看壞了。我問他看花還有祕訣嗎？他說有啊！一聽到祕訣，我精神來了，就追問下去。他說看花要看花的精神，是看一株一株的花，開得多活潑！你們看花，精神都被花吸走了；有道的人看花，把花的精神吸收來了，心目中就充滿神光了。所以我聽了這個話，幾十年來，看花、看書，始終記著老前輩說的，把書的言語文字的精義融會於心。大家看書，都把精神付出在紙面文字上，看風景，看流水，都是如此這般。現在大家都看電視，我告訴年輕人，要半閉著眼看，放鬆心情，如在夢中一樣看，把影像吸過來，才不害眼傷神。一般人看電視，把全副精神都投射到那塊玻璃上，瞪大了眼睛，神光暴露，自己的思想情緒，被那假的影像所轉移，有時還不知不覺的大喊大叫，拍案搥胸，又哭又笑。

孟子告訴我們看水，要看波瀾，看那個活潑潑的精神，把它吸收過來，體會於心，也是活潑潑的。其次他告訴我們水性是「**不盈科不行**」，上游流下來的水，流到堤防前停下來了，一定要等到「**盈科**」——滿了，高出了堤面，才又流了出去。這是孟子告訴我們修養的祕訣，「**不盈科不行**」；要想學道，則「**不成章不達**」，自己不參透學理，永遠不會通達。有的人學道，做了幾天靜坐的工夫，就想開悟，那是死水一潭，理事不能融通；作人做事也是這樣，不充實、不圓滿不行，要充實、圓滿以後，才能得成果。

孟子前面說天下大事，怎麼突然又說到個人修養上來了？他這是告訴我們，當官也好，教書也好，經商也好，作人也好，先求充實自己，「**不盈科不行**」、「**不成章不達**」，天下事沒便宜好佔的。人都是偷心不死，愛佔便宜，尤其學佛學道的人，希望老師傳一個祕訣，明天就得神通，天下哪有這樣的事！所以要「盈科而行，成章而達」，這是不可磨滅的眞理，自己不充實而想成功，那是不可能的。

# 王與賊　自利與利他

孟子曰：「雞鳴而起，孳孳為善者，舜之徒也；雞鳴而起，孳孳為利者，蹠之徒也。欲知舜與蹠之分，無他，利與善之間也。」

全部《孟子》，始終在辯的，無非是義利之間。利並不完全代表金錢，利就是自私，人人都在追求有益於自己的，現實可見的好處，那就是利。這是孟子說明人的心理。

天還沒有亮，聽到雞叫就起床了，自己第一念就想今天要做什麼善事，有利於人，這種人就是堯舜一流的人物，屬於走聖人路線的。例如信宗教的人，一醒來起床就在祈禱，準備一日的行善。另一種人，也是雞鳴即起，但他們所注意的，是「**為利**」的，專想去賺錢，其實也很辛苦。孟子說，這種「**孳孳為利**」的是「**蹠之徒**」。「**蹠**」是古代一個盜帥，他是柳下惠的弟弟，但是連柳下惠、孔子對他都沒有辦法。孔子勸告他，他和孔子辯論說盜亦有道，說出一大堆仁、義、禮、智、信的最高道德哲學，這典故出在《莊子》的外篇。其實孟子指出人性都有良知良能的善心，同時也有盜心，為了求利，都在設法圈套人，要把別人口袋裡的錢，哄到自己的口袋裡來，而且使別人很高興的自動把錢送來，這就是「商道」。其實眞正的商道，也就是大盜的大學問、大道理，也就是孟子所說的「**蹠之徒**」。那種硬將別人的錢賺到自己口袋中的，已經很低了，已經是不入流的小盜了，是被盜蹠淘汰下來的無道之盜。所以在孟子、莊子的眼中看來，全世界大多數的人，都是盜蹠的行爲。

他說聖人與強盜的分別，一個是「**為善**」，一個是「**為利**」。強盜哲學就是自私，只有爲己、佔有，這就是強盜心理；聖人則所作所爲，都是爲利他而付出，差別就在這裡。理論上說起來很容易，可是行爲上做起來非常難。佛學上「盜」是五大根本戒律之一，不可以犯盜戒，佛學上眞正的戒律，凡是「不與取」就是盜。也就是說，沒有得到別人同意給你的，都是盜竊的行爲。依照佛家這個戒律，我們天天都在犯盜戒。例如路上一個遺失物，守佛家盜戒的人，連看也不看一眼，這東西屬於路，不屬於我，如果看一眼，心念一動：「誰遺失的」？這就已經犯了戒，動了貪心。如果要拾起來，最好交到公家招領，超過了法定期限沒有人領，那就歸於公有。依照此理嚴格的檢討，人生隨時都可能犯盜戒，唯有享受「江上之清風，山間之明月」，才不算犯戒。

孟子這裡所講的「**蹠之徒**」，雖然沒有像佛家說得那麼明顯和詳細，但含義與佛家所說行爲上的盜，與內在意識的貪是同一個作用，只是表達的方式不同。他主張走聖人之道，告誡我們要「**雞鳴而起，孳孳為善**」，自己的思想、心理行爲，念念在作好人、做善事，才可以夠得上讀聖人書，學聖人之道，走聖人之路。如果「**雞鳴而起，孳孳為利**」，也可以，不過孟子的定義則是「**蹠之徒也**」，那就是大盜之道了。聖人與大盜的差別，就在義利之間。

他從人生修養，說到義利之間，然後在下面作了結論。

**孟子曰：「楊子取為我，拔一毛而利天下，不為也。墨子兼愛，摩頂放踵利天下，為之。子莫執中，執中為近之；執中無權，猶執一也。所惡執一者，為其賊道也，舉一而廢百也。」**

《孟子》在上篇中已經說過，他舉出大家討論的楊朱與墨翟這兩家的思想理論。楊朱的哲學思想，古人說是爲己的，是絕對的個人自由主義，天下人都爲自己，每人都爲自己好好生活，好好生存。但是「**拔一毛而利天下，不為也**」這句話，是反對楊朱觀點的人所說的，是指責他而說的話。其實楊朱自己的理論是不是這樣？也許差不多是這樣，不過孟子引用這句話，加重了語氣。我們突然一聽，覺得這個學說理論很糟糕，可是要知道，西方哲學的自由主義，也是很容易走上楊朱的思想路線，所謂「**拔一毛而利天下，不為也**」的偏差，個個爲我。例如現在的美國人，父母到兒子那裡，也要事先得到兒子與媳婦的同意，不擾亂他們的生活規律，各人有各人的自由。楊朱的思想是：你的是你的，我的是我的，彼此互相尊重，互不妨礙。我不願拔一毛而利天下，同時也不要你及他人拔一毛而利我，各人管好自己的生存與生活。但是現在大家把西方的自由主義，誤解爲楊朱的「**拔一毛而利天下，不為也**」，實際上並不是如此。

事實上，西方的自由，是個人絕對的自由，個人自由發展的結果，就產生了政治制度的民主。一件事情，各人提出爲己的主張，經過討論，就有了少數服從多數的民主精神。

所以講到中國哲學史，翻開春秋戰國時代，諸子百家的學說加以研究，今日西方的任何新思想，在幾千年前，我們的老祖宗早已經提出過了。只可惜大家不讀自己的書，所以就不知道了；假使有人，化粧一雙藍眼睛，裝一個高鼻子，頭髮染黃，把這些話告訴大家，大家就都相信了。

此外與楊朱相反的是墨子一派的思想，主張「**兼愛**」天下人，個人的生活簡樸清苦，不奢侈豪華，安貧樂道，一生從事利他活動，爲弱小窮苦的人群服務。我有一位老友曾說過：「忘身爲人謀，有危即奔赴，愛人如愛己，有力即相助」。墨子本人，經常光著頭赤著腳，都在爲他人的利益辛勤奔走，很像後世佛教的苦行僧。例如有一次楚國與宋國要打仗，墨子就跑去勸兩邊人不可打，終於把一場大戰消弭於無形，使人免遭傷亡於戰火之中。

墨子的精神，是專門把人家的棺材抬到自己家裡來哭的，我愛自己的親人，亦愛天下人。天下人的父母，也就是我的父母，天下人的兒女，也就是我的兒女。墨子的「兼愛」，等於佛家大乘的菩薩道的思想，是以無我的精神，積極行布施，做利己利人的事業；楊朱的思想等於佛家的小乘思想，看起來是自利的，實際上，佛家的小乘道也是以慈悲喜捨爲前提的。

在孟子以前，因爲時代的動亂，社會的貧困，人們的精神痛苦極了，於是這兩家的思想，就被當時一般社會歡迎接受了。所以孟子曾感慨的說，「天下之言，不歸於楊，即歸於墨」。

關於墨子學術的內涵很多，除了「兼愛」，還有「尚同、尚賢」，主張平等，起用賢人爲政；以及「薄葬」。墨子嚴重反對傳統注重的厚葬之禮，這也是非常有道理的。因爲中國上古傳統注重厚葬，所以造成幾千年來盜墓的流弊。而且墨家在戰國時，就有類似後世社會群衆的組織，各國修奉墨子之道的分支組織頭目，就叫做「鉅子」，爲中下社會的中堅分子，影響很大。因此自戰國以後，成爲中國學術儒、墨、道三大主流之一。這些內容講起來很多，現在不是專門講述墨家思想，到此暫告一段落。

# 關於子莫執中

講到這裡，孟子在原文裡提出來「**子莫執中**」一句話，非常含糊，我覺得是很有問題的。不過據古人的註釋，子莫是個人名，另有其人，他主張「**執中**」。古人雖是這樣註釋，在楊朱、墨翟兩派嚴峙的矛盾之間，好像另有一派，就是子莫，主張調和論，提出一個「**執中**」，處理這兩派之間的問題。這段話，現在姑且照古人相傳的註釋，先做原文的解說，不另作討論，以後有機會專門討論「**子莫執中**」這個問題。

當時另外這個名叫子莫的學者，他的主張是「**執中**」，執中是儒家的思想，認爲人是天生的自私，但是也絕對有慈悲善良的一面。例如《易經》的道理，太極分陰陽兩面，人有陰暗的一面，也有光明的一面，姑且把陽作爲善的代號，陰作爲惡的代號，人性也俱有獸性的內涵。他這一家的思想要「**執中**」，兩個極端要調和，所以要給人保持部分的自私，因爲叫人毫無自私，要天下爲公，是做不到的，只可以有限度的爲公。同樣絕對的自私也是做不到的，不可能的，因此他主張「**執中**」，要調和、均衡。

以前關於作人的修養、學問的道理、政治的策劃、社會的制度，都講究「**執中**」；「**執中為近之**」，就是接近「道」了。但是「**執中無權，猶執一也**」，所以「**執中**」要有「**權**」，就是權衡、權變，像一個天秤一樣，一定要秤錘，沒有秤錘，就分不出輕重，就無法平衡。所以處理事務，要隨著時間、空間機動的變更，否則等於秤錘掛在固定的位置，不隨秤鈎上東西的增減而移動，那就是執著，執著就成爲偏見，就是「**執一**」。

所以說：「**惡執一者，為其賊道也，舉一而廢百也**」，這是孟子最後的結論。孟子從「**仁義禮智根於心**」的道德修養，心理行爲，而講到政治、經濟、社會、個人修養。他最反對的是執著，一執著就妨礙道了。所以，如果讀《四書》，認爲孔孟之學，不通於形而上道，那是大錯而特錯的，因爲孔孟走的是入世道。他在這裡就指出，「**惡執一者，為其賊道也**」，執一就成了賊道，所以不要有任何執著，有執著就妨礙了道。爲什麼執著會妨礙道業？「**舉一而廢百也**」，一有執著就犯了邏輯上以偏概全的過失，死抓住一點，其它都看不見，結果都成爲偏見了。

# 成功與成名不同

孟子曰：「飢者甘食，渴者甘飲；是未得飲食之正也，飢渴害之也。豈惟口腹有飢渴之害，人心亦皆有害。人能無以飢渴之害為心害，則不及人不為憂矣。」

孟子曰：「柳下惠不以三公易其介。」

孟子曰：「有為者，辟若掘井。掘井九軔而不及泉，猶為棄井也。」

孟子這裡說「**飢者甘食，渴者甘飲**」，人在肚子餓的時候，任何東西都覺得好吃；口乾極了喝什麼都好喝。也就是孟子曾對公孫丑說過的「飢者易爲食，渴者易爲飲」，這些話已經變成平常慣用的成語了，大家都有這個經驗。

唐代有一個故事，當時高麗有一個高僧，到中國來學禪，乘船到中國上岸後，天黑進入山中，迷了路，就在山中隨便找一個地方坐下。半夜口渴得很，順手摸到身旁有個碗之類的東西，其中有水，就端起來一口氣喝了下去。心中想，這眞是菩薩保佑，賜給我這樣好的甘露。天亮後回頭一看，原來是一個死人的天靈蓋骨，仰放在那裡，不知經過了多少時間，存積了雨水，被他喝下去了。他越想越難過，肚子越覺得不舒服，突然「哇」一聲，就嘔吐出來了。可是當他噁心嘔吐的時候，忽然大徹大悟了，悟到「一切唯心造」。昨夜喝來有如甘露的污水，經過了幾個小時，本來無事，但一經發覺是死人髑髏貯水，心裡生起極爲厭惡之心，竟然還是吐出許多苦水來。當黑夜中喝時之喜愛、滿足、讚美，與吐出時之厭惡與痛苦，兩種絕對不同之感受，都是一念唯心所造，自性本空，了不可得。

孟子在這裡說，「**飢者甘食，渴者甘飲**」，人在極度飢渴時，吃喝什麼都好，但這並不是「**飲食之正**」，不是飲食的正味，因爲有許多心理上的反應，是自我主觀慰藉自己的情緒加上去，才會造成味覺的不同。而所吃所喝的東西，本身的味道，並無意識，味道的好壞是個人唯心的感受，所以是飢渴妨害了「**飲食之正**」，造成了這個假象。

但孟子這個比喻，值得考慮了。假如說一定要怎樣的味才算是「**正**」的，就碰到一個問題，等於人類的善惡是非的絕對標準，下不了定論。同樣一個菜，喜歡吃鹹的人覺得太淡了；喜歡吃淡的人，覺得太鹹了。共同吃這個菜的人們，以誰的口味爲標準算是「**正**」味呢？並無標準。本來飲食的感受，就沒有絕對的，氣候冷暖的感受也是如此，沒有絕對的標準。如果在醫學、哲學、自然科學來討論，孟子這個比喻，又在許多方面有值得研究的問題了。但是他的重點不在這裡，不必從這上面「雞蛋裡挑骨頭」的挑剔。

孟子是以「**飢渴之害**」爲例，說到我們人的心理，不要像飢渴影響我們口腹那樣，妨害我們的正知。「**豈惟口腹有飢渴之害，人心亦皆有害**」，他進一步說，何止口腹有飢渴的害處，人的心中也隨時都有爲害的東西，「**人能無以飢渴之害為心害，則不及人不為憂矣**」，一個人的心性，能夠不受饑與渴的妨害，不受生理的、情緒的、主觀的影響，而對一切事情有特別的正知，那麼即使生活條件不如人，也可以高枕無憂，心理既沒有煩惱，也比較平和。

孟子這段話，實際上是接著上文楊、墨兩家的思想所說的，是指出這些思想，不是絕對的不對，都有他們的偏執與理論根據，但卻不是全面的。任何西方的、東方的，世界上任何學說，都有他主觀的道理，但只是一面的偏見，就是執一，執著了一面，便認為是眞理，而否定了其它，這就是以偏概全。

還有，就是聽別人的學說，或聽別人的話，覺得很對，其實不一定是對的。只因為別人這個思想，剛好合於自己的需要或意見，於是就認為是對的。其實，這還是由於自己主觀的原故。

所以這裡一方面指出，對於學說思想，應該具有公正客觀的態度，另一方面也指出，當時人們接受楊、墨等的思想，猶如「**飢者甘食，渴者甘飲**」似的，那也是一種「**心害**」。

接著孟子又借古聖先賢來說明，他說柳下惠這個人，非常狷介，「**不以三公易其介**」。絕不因任何功名、富貴、官位、環境的影響而動搖，這就是

「**介**」。這種人坐而論道，可以指點最高政治層面的國策問題，無論處在哪種地位與立場，他的人品，始終不變；認爲對的就是對的，不對就是不對，絕不隨便有所將就。

孟子在這裡，引用柳下惠以獨立不倚超然的人品處世，是說明一個人的爲人處事，必須要有自己的抱負、目的、人生觀，而且堅定不移，始終不變。孟子又說：「**有為者，辟若掘井。掘井九軔而不及泉，猶為棄井也**」，一個有作爲的人，一生作人處世，建立了正確的人生觀，就要堅持到底，一以貫之，不可以見異思遷。猶如挖井一般，不可以挖了九成，因爲還沒有見到水，就中止不挖了，這樣就前功盡棄。所以古人有兩句詩說：「天意憐幽草，人間見晚晴」，這是說人最怕的，就是一生堅持修養，到晚年變節，那是非常可惜的。

前清的名臣曾國藩，引用孟子這段名言，訓誡他的子弟說，作人做事，如同挖井，只要是挖井，就要挖到出水爲止。如果這裡挖一口，沒有出水，又到別處去挖，挖了一半，又不挖了，再往他處挖第三口，如此挖法，縱然挖上一百口井而挖不出水，也等於沒有挖井一樣。假如沒有鍥而不捨的精神，學問也好，修養也好，事業也好，沒有一樣能夠成功的。

但是要知道，「成功」並不是「成名」，成功與成名，是截然不同的兩件事。成名只是一時的浮面現象，成功則對後世的貢獻，永遠存在。現在有一種社會現象，如果要找人做一件事，先問這人的「知名度」怎樣，名氣響不響亮。尤其找演員拍電影，要先考慮「知名度」高不高，可是不到三幾年，知名度成了「名知度」——早成過去了。

我經常引用莊子的觀點對人說，一個人到了中年，哀樂的情緒已經混淆朦朧了，對事情可以看得含糊了。可是現在許多四十歲左右的中年人，連自己要作一個什麼樣子的人，都還沒有確定，這是頭腦不清，並不是莊子所說中年哀樂朦朧的境界。一個人能確定了人生觀，才能介然獨立，有爲有守，有所爲，有所不爲。認爲該作則作，不應該則不作；可要則要，不可要則不要，這就是「**有為者**」。現在有些人所說的立志，常引用佛學上的語言說是「發願」，發什麼願？自己要清楚明白，不可糊里糊塗的。

# 王道與霸道

**孟子曰：「堯、舜，性之也；湯、武，身之也；五霸，假之也。久假而不歸，惡知其非有也。」**

這是孟子所說政治哲學、歷史哲學中心的精神。孟子本章，從內聖之道，說到外王，都是連貫的。然後說到王道與霸道的不同，文章波瀾起伏，到這裡，是一個階段。

孔子整理歷史，以堯、舜、禹爲聖君作起點；接著孟子以及後來的儒者，也多引述堯舜，很少提到大禹，因爲到了大禹的時候，歷史有很大的變化。大禹平治洪水，把上古以來的大水災變成大水利，建立了華夏以農立國的基礎，其功不可沒。但是在政治文化上，孔、孟兩位夫子，對禹本身沒有問題，只因禹的兒子啓，立國以後，由公天下變爲家天下，所以就不大提及大禹了。現在站在聖君之道，公天下的立場，則只說堯舜。聖君將政治與教化合於一身，是「政教合一」，堯、舜是以這樣的精神治天下。

因此孟子說：堯舜之所以成爲聖人，是「**性之也**」，是合於天然自性與人性自然本有的理念，本性自然是那樣的大公無私、高明、敦厚，並非是故意造作的。至於商湯與周武王，孟子認爲那就不同了，是「**身之也**」，這是說他們是以修身立功，勉強做到了近似先聖的境界。而周文王，因爲是在「**性之也**」與「**身之也**」之間，所以這裡撇開了，很少提到，不過，他自然也歸於聖人之列。

按照中國上古傳統自然之道的歷史政治哲學的看法，堯舜做到了如老子所說的立德、立言、立功，三不朽的事業。孔孟在人倫的教化上，並未切實做到立德、立功的事實，但在立言的教化方面，也可以說有其偉大的立德、立功的成就。所以中國政治哲學上說，堯、舜的政治是道德的政治，到了啓建立夏朝以後就不同了，開啓了法治的先機。所以從司法史的觀點看，中國的刑法，最早是從「象刑」開始，仍屬於道德層面。

至於所謂湯、武的革命，就更不同了，他們都是以身家世系，聯繫天下的安危爲目的，並非如堯舜一樣俱有眞正天下爲公的精神。到了東周以後的政權，諸侯中霸權風氣勃起，所謂春秋五霸如齊桓公、晉文公等次，都是如孟子所說「**假之也**」。所謂「**假**」是假借的意思，假借仁義之道，挾天子以令諸侯，達成個人與家國的霸業。

孟子又說：「**久假而不歸，惡知其非有也**」，這眞是兩句很有趣的讖語。爲什麼說它是讖語呢？因爲我們的歷史，在春秋戰國五霸七雄以後，雖然有了秦、漢、唐、宋、元、明、清，所謂的統一的朝代、自稱天子，其實都是假借仁義的霸術，號稱以傳統仁義之道來統治國家，這就是孟子所感嘆的「**久假而不歸**」啊！因此從秦漢以後，歷代的學者，自稱爲孔孟儒家忠實信徒的，都想「致尊堯舜」，都想影響每代的皇帝，希望改變他們成爲堯舜一樣，能有「遜國讓位」的公天下的作爲。正如孟子在這裡所說的「**惡知其**

**非有也**」，豈非是幾千年來一個春秋大夢！

由此，我們看一些研究中國文化史的，經常把儒家與道家，分成兩條路線。認爲如老子所說的「智慧出，有大僞」，又說「聖人不死，大盜不止」，說人一有了智慧，就更會作假，這些聖人不死光，那些搶天下的大盜，就會越來越多了。從表面上看起來，這好像在反對儒家所標榜聖人所說的仁義，實際上並不如此。老子是說，仁義道德是對的，可是後世的人，假借來用，並沒有眞心實行，就變成了歷史的罪人。現在看了《孟子》這一段，則和道家老子的觀念的確是相通的。

下面是關於政治哲學的問題。

# 歷史記錄的果報

**公孫丑曰：「伊尹曰：『予不狎于不順。』放太甲於桐，民大悅。太甲賢，又反之，民大悅。賢者之為人臣也，其君不賢，則固可放與？」孟子曰：「有伊尹之志則可，無伊尹之志則篡也。」**

前面已經介紹過，伊尹是商湯的賢相，他本來是一位賢士，在夏桀當政，暴虐天下的時候，隱居不出。因見民不聊生而出，後來幫助商湯起來革命，推翻了夏朝。他是建立商朝的一個賢相，也是內聖外王一流的人物。但是湯死以後，他的兒子太甲不行，這時伊尹還在當宰相，就把這位小皇帝太甲，放到首都外「**桐**」這個地方，不許太甲亂跑，要他好好讀書、學習、反省。這時伊尹自己就代爲管理國家的事。這在政治上，有篡位的大嫌疑，但是全國人民很高興他這樣的做法。三年後太甲改過遷善，於是伊尹又把太甲接回來執行君王的任務，自己則再退位稱臣，全國人民也很高興。

後世的周公，也與伊尹有相似的做法。武王統一天下，弟弟周公爲相；武王死後，依古代制度，由武王的長子成王接位。因成王接位後不肖，周公也仿伊尹的做法，把成王移地讀書、學習、反省，周公自己攝政了七年。但是周公卻不如伊尹那樣，能得大家諒解，當時天下就有了流言，都懷疑他準備廢掉這個侄子成王，而想篡位當皇帝，所以唐代白居易有詩說：

贈君一法決狐疑　不用鑽龜與祝蓍
試玉要燒三日滿　辨材須待七年期
周公恐懼流言日　王莽謙恭未篡時
向使當初身便死　一生真僞復誰知

這首詩也是感嘆人生一切的作爲，須要等到最後的結果才能論定，因此古人有「蓋棺論定」的說法。其實歷史上有許多人許多事，我認爲即使蓋棺，其中的是非善惡也很難論定，只好把冤枉帶進棺材裡去。

現在再回轉來說，孟子講了歷史哲學的一些道理之後，他的學生公孫丑，就提出伊尹放太甲這件事，來問老師說：以前太甲「**不順**」，伊尹說「**予不狎于不順**」，自己不能跟著這個小皇帝混，於是就把小皇帝放出去，軟禁起來讀書、學習、反省。當時天下人民，並不認爲是伊尹不對，反而非常高興；等到太甲改過遷善，伊尹又把他接回來當皇帝，天下人民，又很高興。公孫丑說，請問一個做宰相的人，「**其君不賢**」，看見小皇帝不對，可以把他放逐出去、軟禁起來嗎？孟子回答說：「**有伊尹之志則可，無伊尹之志則篡也**」。如果有伊尹這樣的胸襟，可以這樣做，因爲他無私，不算竊位；假定沒有伊尹之志，就算篡位。孟子這兩句話，成了中國政治哲學上的名言。雖沒有在字面上說對與不對，可是已經說了對與不對，就是要有像伊尹一樣動機與存心才可以，否則就不可以。

從這裡我們想到《三國演義》，一個大家都很熟悉的故事，就是前面已經介紹過劉備白帝城託孤的事。他對諸葛亮說：「君才十倍曹丕，必能安邦定國，終定大事。若嗣子可輔，則輔之；如其不才，君可自爲成都之主」。諸葛亮聽了這樣的話，立即跪拜叩頭，表示絕對不會這樣做。後來果如他呈給劉禪的〈後出師表〉中所說的「鞠躬盡瘁，死而後已」，眞是至死忠貞不二。

歷史上的伊尹、周公、諸葛亮，都是臨危受命，接受託孤之臣。所謂託孤，就是父親臨終前，將兒子委託別人代爲監護教養。商湯將太甲託給伊尹，武王將成王託給周公，劉備將劉禪託給諸葛亮，這都是歷史上託孤之臣的故事。而這種託孤，又與一般平民、朋友之間的託孤大不相同，因爲所託的孤兒是擔當一國的君主，受託的人是臣子。臣子見了君上，不管君上的年齡大小與好壞，依禮還是要聽從君王的命令，跪下來稱臣的，這就很難辦了。所以劉備在託孤時，就有了「君可自取」的話，暴露出對人並非絕對信任與完全放心的潛在意識。幸虧諸葛亮有他的智慧，以及有與伊尹一樣的胸襟，故能立刻表明心跡，也獲得千秋萬代的稱讚。而商湯之於伊尹，武王之於周公，託孤之際，君臣之間的情形，就大不相同了，彼此都有高度的修養，高度的道德，都能誠信，都能推心置腹。如果以現代民主思想的政治觀念來衡量，加以評論，都有隔靴搔癢的嫌疑，因為不合上古時代的環境，也與社會意識形態的觀念不同。

雖然如此，可是伊尹放太甲於桐時，老百姓大悅；而周公攝政輔成王時，卻是流言四起。因為周公時的社會人心，以現代名辭來說，已經大大的改變了；儘管周公是個賢者，但一般人的心理反應，卻是兩樣。到了漢末諸葛亮時，連君臣之間的互信，也蒙上一層薄薄的陰影。

再往下看，宋朝的得天下，趙匡胤陳橋兵變，黃袍加身，不說別的，一夜之間，哪裡來的這麼一件龍袍？難道眞的是天上掉下來的不成？那時候，正是後周柴家的天下，周世宗柴榮和趙匡胤兩人，本是五代末年亂世中，同樣來自民間的人物。後來柴榮當了皇帝，趙匡胤便成爲一位最親近的將領，等於現代的首都衛戍司令，全國警備司令又兼憲兵司令。

柴榮死後不久，邊疆有事，趙匡胤帶兵出征打仗，就在離京城不遠的陳橋兵變，不去打仗，當上了皇帝。這是欺負柴家孤兒寡婦而得的天下。在開封的皇宮裡，有一房間，這是趙匡胤封閉，不許打開的，因爲裡面立了一塊不許用南方人當宰相的碑，如用南人爲相就是不肖子。後來趙光義的後代神宗，用了南人王安石爲相，宋朝的政治就開始走下坡路了，所以有人說，趙匡胤有先見之明。但是他吩咐子孫，對柴氏的子孫，絕對不能無禮。而他取天下於孤兒寡婦，依中國古代政治哲學而言，宋朝的天下，是篡位而來的。這就是說，趙匡胤「**無伊尹之志**」了。到了蒙古人進來，元朝接手的時候，宋朝的末代皇帝，也正是孤兒寡婦。所以有人作一首詠史詩說：

**憶昔陳橋兵變時　欺他寡婦與孤兒**
**誰知二百餘年後　寡婦孤兒又被欺**

如果研究歷史哲學，以政治的倫理，看歷史的因果，就看出人生的因果報應，是非常嚴重的。趙匡胤雖然取天下於孤兒寡婦之手，不守「**伊尹之**

志」而篡位，但對柴家的子孫，不像魏晉各代的趕盡殺絕。南北朝、五代十國，每一朝代都是篡位，都把前朝皇帝的子孫，斬草除根。趙匡胤能夠厚道，對柴家的子孫並沒有殘殺，所以元朝對趙家的子孫也一樣。而元朝最後的果報也很好，元朝坐了八十年天下，如果嚴格的研究，有學者認爲，最後一代元順帝，並不是眞正的蒙古人，而是趙匡胤的後裔。朱元璋推翻了元朝，元順帝逃向蒙古，朱元璋派徐達追到了內蒙邊境，就不再追了。副將常遇春問他爲什麼不追？徐達說，人家也坐了八十年的江山，現在大明王朝已經建立，把他抓回來，當今的皇帝也很難處理，既然逃遠了，就算了吧！實際上徐達和朱元璋都知道，元順帝是漢人，讓他到邊疆稱王，統率蒙古人也很好。

研究歷史上的因果循環，也就懂了人生，知道爲什麼作人要有道德。因果律是宇宙間的自然規律，人不可以違反這一自然規律的力量。所以孟子說的這個「**伊尹之志**」，包含了中國三千年來的政治倫理的哲學思想，也就是爲私則是篡位，爲公則是可以的觀點。

# 尸位素餐

**公孫丑曰：「《詩》曰：『不素餐兮。』君子之不耕而食，何也？」**
**孟子曰：「君子居是國也，其君用之，則安富尊榮；其子弟從之，則孝弟忠信。『不素餐兮』，孰大於是？」**

公孫丑繼續提出「素餐」的問題。中國文學上有一句「尸位素餐」的成語，是形容居高位而不做事的人。「尸位」，古人祭祀的時候，殺了牛羊豬禽獸這些「犧牲」，其次用米麵雜糧做成這些生物的形像祭拜，並不是憑空祭祀。同時在祭壇上位，必須有一個像活著的偶像，來接受祭拜，後世叫做「傀儡」；再演變到後代就用木主牌位來替代，這種情形，總的名稱叫「尸位」。所以發展到後世，民間所信奉的神明，不管是天神、菩薩，乃至儒家的聖賢，也都要塑成形像。「**素餐**」就是萬事不做，既不勞動，也不工作，白吃乾飯，有如坐在上位受人祭拜的偶像，所以叫做「尸位素餐」。例如堯在一百二十歲去世，是舜接位以後三年，要祭堯的時候，就由堯的兒子丹朱，穿了堯的衣服，坐在上面不動，代表堯，接受舜的祭拜。

那麼公孫丑問孟子：《詩經》上說，「**不素餐兮**」，一個人活在世上，不能光吃白飯，遊手好閒，要將自己的才能奉獻出來，才可以享有酬勞；如果沒有奉獻，光享有君王、國家的優厚祿位，就是「尸位素餐」。人生在世，隨時都在麻煩別人，近自父母，遠至陌生人，都爲我們的活著而付出，於我都有恩；所以同樣要對別人有所貢獻，回饋社會大眾的恩惠，這就與「**不素餐兮**」的精神相同。

公孫丑又問：「**君子之不耕而食，何也**」，公孫丑這一問，像是給孟子一記少林拳。等於說：老師，你一天到晚，坐在那裡講學問，談道德，還要學生供養束脩（學費）給你生活，難道說，一個君子既不種田，也不做工，就可以「**不耕而食**」嗎？

孟子回答說：一個有道德、學問的人，假使國君用了這個人，有相當尊貴的待遇，他已經在「**安富尊榮**」了，那是他應該得的報酬。如果沒有擔任公職，而在社會中從事教化（教育）的工作，「**其子弟從之**」，有很多的學生跟他學習，無形中將孝、悌、忠、信等等德性，影響了社會，形成良好的社會風氣，對社會安定，都有了貢獻，所以弟子們送了束脩供養，也是理所當然的回報。而且，一個君子在社會中的貢獻有多大，是無法比擬的。孟子這句話，也等於要他的學生們儘管放心，我們師生並沒有白吃社會的乾飯，已經在盡自己應盡的義務了。

# 居仁由義之道

**王子墊問曰：「士何事？」**

**孟子曰：「尚志。」**

**曰：「何謂尚志？」**

**曰：「仁義而已矣。殺一無罪，非仁也；非其有而取之，非義也。居惡在？仁是也。路惡在？義是也。居仁由義，大人之事備矣。」**

接著公孫丑的提問之後，又有齊國王子墊提出一個問題：「**士何事**」？一個學者、知識分子，活在世界上，應該做些什麼事，有些什麼責任？這與公孫丑所提的問題，幾乎是有相同的意義，但有不同的指標。

孟子的答案是說，一個學者、知識分子首先就要「**尚志**」。所謂「**尚志**」就是重視自己的立志，也就是要確定人生的目標，要走一個什麼路線。

王子墊又進一步的問，什麼叫做「**尚志**」？孟子說：「**仁義而已**」，只有終身致志於宣揚人倫道德，宏揚倫理教育的本分。教育的目的，是改正人性的惡習，令人向善，對社會傳播傳統道德哲學思想。假使從事政治的人，只爲私利，是非不辨，善惡不分，「**殺一無罪，非仁也**」，無辜殺害一個無罪的人，甚至隨便做有害於他人的事，都屬於不仁的行爲。無故危害他人生命，當然是不仁。

「**非其有而取之**」，取得任何不屬於自己的東西，而佔爲己有，就是「**非義也**」。不問勞心或勞身，付出一分勞力，才能獲得一分代價，這才是義。「**居惡在，仁是也**」，一個知識分子，只有立身於仁的立場，應該取的才取，應該付出的就要付出，這才是合於義。

孟子這兩句話，後來成爲一句成語「**居仁由義**」，平常立足點站在仁上，而行爲要合於義，這樣「**尚志**」就對了。做到了以後，在儒家叫做「**大人」，在道家稱爲「眞人」。因此孟子在下面舉出一個歷史的故事，說明儒家所認爲的士大夫的人格標準。

**孟子曰：「仲子不義與之齊國而弗受，人皆信之。是舍簞食豆羹之義也。人莫大焉，亡親戚君臣上下。以其小者，信其大者，奚可哉？」**

陳仲子這個人，是孟子之前的齊國貴族後代，他看不慣齊國當時那些貴族的腐敗與貪污的風氣，於是避開母親、兄長，捨棄權位富貴，離世隱居，終生清廉。有關他的故事，在此就不多說了。孟子說，他這種行爲，在儒家看來，是屬於不義的。因爲他雖然自處廉潔淡泊，被大家稱讚人格清高，但他這種清高於世何益？「**是舍簞食豆羹之義也**」，只不過是不接受他人的羹飯恩賜，潔身自好而已。

眞正的人格是要有見地，人生的價値要從大處著眼，這是建立人生觀的基本要點。陳仲子不顧國家社會大眾的利益，捨棄君臣之義，親屬之情，離群索居，那只是完成個人清高的品行，並不能救時救人，器量未免狹小，並非仁義之大道。

於是，又討論到另一個類型：

**桃應問曰：「舜為天子，皋陶為士；瞽瞍殺人，則如之何？」孟子曰：「執之而已矣！」**

**「然則舜不禁與？」**

**曰：「夫舜惡得而禁之？夫有所受之也。」**

**「然則舜如之何？」**

**曰：「舜視棄天下猶棄敝蹝也。竊負而逃，遵海濱而處，終身訢然，樂而忘天下。」**

孟子另一個學生桃應，也提出一個假設性的問題，他想得很妙。前面說過舜的父親瞽瞍，是一個很莫名其妙的人。當舜爲帝以後，用了一個執法廉明清正的人皋陶，他是上古歷史最有名的清官。桃應問孟子：在舜當了天子以後，假設瞽瞍犯了殺人的罪，皋陶這個時候執法，該怎麼辦？

孟子說：這還不簡單，把瞽瞍抓起來責罪就是了。

桃應說：那麼舜怎麼辦？難道他不會下命令給皋陶說，這是我的父親，你不許抓。或者叫皋陶把這個案子擱起來，表示抓不到人，不了了之。這樣可以吧？

孟子說：舜不會這樣做，如果這樣做，就不是聖君了。而且他決不肯做違法的事，更不會爲私情廢棄法治的尊嚴，禁止皋陶去抓瞽瞍。這就是中國自古以來的法治精神，幾千年來有一句成語：「王子犯法與庶民同罪」，這與西方眞正民主政治的法治精神是一樣的。前面提到過的小說故事，包公打龍袍，就是這一法治精神的榜樣。所以假使舜的父親犯了法，也一樣要辦，皋陶執法，是舜代表國家授命他執法，他就要公正廉明。

桃應挖根挖柢的問：那麼，瞽瞍被抓以後，舜是天下大孝，他既不能禁止皋陶處罰他的父親，難道等皋陶的報告上來了，批一個依法辦理，執行死刑嗎？否則的話，舜該怎麼辦呢？

孟子說：這很簡單，像舜這樣的聖人，把皇帝的權位，看得並不重要，假如他眞的遇到這種事，他就不當皇帝了，他丟掉一個皇帝的地位，比丟掉一雙破鞋子還要快，半夜揹著他父親逃走，逃遠到海疆化外之地，奉養父親終身。

這段是孟子與學生之間討論學問的問答，是辨別中國儒家的思想，屬於處理公與私、是與非、善與惡之間的道理。瞽瞍、舜、皐陶，各人的個性，天生如此，而天理、國法、人情，也就是法治、禮（理）治與人之常情。天子犯法與庶民同罪，這是法治；但天子的父親犯罪，兒子治父親的罪，在天理上又講不過去；如果不治罪，又為法所不許，這是理與法產生了矛盾。舜在人情上，必須救自己的父親，但在公理上必須維持法治的尊嚴，於是他只有放棄皇帝的權位，揹了父親，逃離國境，奉養父親。那麼情、禮（理）、法三方面，比較都可以交待得過去了。

# 環境的影響 君子的愛心

**孟子自范之齊，望見齊王之子，喟然歎曰：「居移氣，養移體；大哉居乎！夫非盡人之子與？」**

**孟子曰：「王子宮室、車馬、衣服多與人同，而王子若彼者，其居使之然也；況居天下之廣居者乎？魯君之宋，呼於垤澤之門。守者曰：『此非吾君也，何其聲之似我君也？』此無他，居相似也。」**

孟子有一次從范地去齊國，在路上看見齊國諸侯的世子，那種軒昂驕貴的氣象，於是就非常感慨的說了「**居移氣，養移體**」兩句名言。這是說居住的環境對一個人影響很大，例如這位世子住慣宮廷的大房子，飲食好，穿著講究，養成生活驕貴的習氣，這對血肉之軀的影響使氣質產生變化，氣象、儀態、精神，自然別有與衆不同之處。所以說「**大哉居乎**」，物質生活環境影響人的力量，就有這樣的嚴重。

然後，孟子看看跟著他爲仁義道德而奔走的學生們，接著又感嘆一聲，「**夫**」，長長吐出了一口氣，然後說，「**非盡人之子與**」，每個人不都是父母所生、所育、所養的孩子嗎？只因爲生活環境不同，就養成言語、態度、思想、作爲的差異。

接著孟子的教育來了，這等於當年抗戰時期，許多學校的校長或老師，帶了自己的學生集體逃亡，奔向大後方。一路上雖受磨難，但教育不停，露天上課，席地而坐，大地就是教室，一塊小木板就是課桌。下了課，又翻山越嶺，奔向大後方。

孟子看了弟子們這個景象，就上課了，他說：你們看，一個王子，他居住的宮室，也是房子；交通工具雖華麗，也不外車馬；穿的也不過是衣服，和一般人一樣。但是，齊國的世子走出來，所以會有那種驕貴氣，就因爲

「**其居使之然也**」。這個「**居**」，不只是指房屋，實際上是指整個大環境，它對人的影響力量太大了。這個大的環境，就是學問、思想；有眞學問、眞修養，就是「**居天下之廣居**」，宇宙在我，萬化由心，人生頂天立地，還受什麼外在物質居住環境的拘束！也就是說，眞正有了學問、修養，就不受任何環境、物質的影響，這就是大丈夫。

孟子教育學生們，了解一切物質環境影響人的力量，而大丈夫絕對不受物質環境的影響。環境可以影響人的心理，轉變人的意識思想，但是一個眞正的學者，學問會養成自己的天地，就是後世講的「性天自有風月」。也就是自己精神領域擴大，頂天立地，自有一番偉大的景象，哪裡再看得上物質有形的環境呢？

於是孟子又舉一個例子說：有一次魯國的君主到宋國去，剛好宋國的城門關了，魯國的君主就大聲叫門，用命令式的喝聲：「開門」！那個守城門的人聽了就說：這個人並不是我們的君王，可是叫門的神氣，爲什麼和我們國家的君王一模一樣？孟子說，這並沒有其他的理由，「**居相似也**」，是環境養成的。這說明環境可以改變人的種種行爲，除非眞有學問、高深的修養，「心能轉物」，有超然物外的器度，自然與眾不同。

**孟子曰：「食而弗愛，豕交之也；愛而不敬，獸畜之也。恭敬者，幣之未將者也；恭敬而無實，君子不可虛拘。」**

**孟子曰：「形色，天性也；惟聖人然後可以踐形。」**

這裡孟子就講到待人接物方面的修養了。

孟子說：對人如果沒有眞正的愛心，只是把東西給人吃，那就和養豬一樣，只是爲了把豬餵大，好殺了賣肉賺錢。

孔子也說過類似的話。子游問孝，孔子說：現在講孝道的人，認爲能養父母，就是孝道。可是養一隻狗、一匹馬，也同樣是養，如果沒有恭敬仁愛之心，那和養犬馬有什麼兩樣？子貢也提出這個問題，孔子就說「色難」，孝養父母以及對人對事，要有眞正誠敬的心態，才是眞愛。

所以孟子也說：「**愛而不敬，獸畜之也**」，對人要有愛心，但有愛心還不夠，要是沒有恭敬仁愛的心理，那還是沒有把人當人看，就像飼養動物一樣，雖然買很好的東西給牠們吃，但是歸根結柢，下意識裡是爲了好玩、爲了興趣。甚至還有的人說，孩子大了，還沒有孫子，家裡沒有小孩不好玩。講這種話的，眞該打手心，孩子豈是給大人玩的呢？不但對小孩不能有這種心態，對長輩老人，更要注意，如沒有恭敬仁愛之心，只是形式上的孝、形式上的愛養，那是大有問題的。

對於恭敬，孟子說：「**恭敬者，幣之未將者也**」，有錢買東西送禮，也是爲了表示恭敬，但是有時這種用金錢、物質表達的恭敬，容易變成形式，乃至成爲虛僞不實的作爲。「**恭敬而無實，君子不可虛拘**」，如果僅注重虛僞恭敬的外表，而沒有實際眞誠的恭敬心，那是君子所不取的。這就說明每個人作人待人，人品的修養，內在要有誠敬之心，光注重外表的形式是不行的。

因此孟子爲人生修養作結論說：「**形色，天性也**」，「**形**」就是人的身體外形，舉手投足，動作的形態。「**色**」，凡是人就有色相、表情、嬉笑怒罵等等態色。人死了，臉上肌肉僵硬發青，那也是人最後的色——死色。所以可不要看不起這個血肉之軀的身體面貌，心物是一元的，這也是先天本性的功能所顯現的。在一般修道人來說，看不起這個身體，因爲是地水火風四大因緣假合的；而大乘道，則指出四大的「**色**」，也是由自性生命本元功能而來的。所以「**形色**」是本元的功能而來的外表，先天本元的功能，形成了身心，所以說「**形色**」也是「**天性也**」。因此說從形相、態度，可以觀察到一個人的心性誠僞、善惡。

但是一般普通人，對於身心是弄不清楚的，有時候，心理上並沒有什麼不愉快，可是生理上有問題，或者有病，或者周期性的生理變化，導致心情鬱悶。雖然心理上想何必如此不高興，何必煩惱，可是仍然會沉悶，這就是生理左右了情緒，想高興也高興不起來。另一個相反的情形是身體疲勞了，可是情緒很高，想看書，精力也不能集中，頭腦昏昏的，可是心中在想，只有一點點時間了，很要緊，還是看了下去，這就是心理支持了生理。所以生理影響心理，心理左右生理，兩樣分開活著，不能合一。合一了就是「**踐**

**形**」，就是修養到家了，心理年輕，生理也返老還童，這是做得到的。長生不死固不可能，至少可以遲一點死，慢一點老，乃至有一些病痛，用精神的力量，轉變得過來，不藥而癒。如果是年輕人，隨生理的需要而行，克制不了生理上的變化，就是不能「**踐形**」。

所謂「**踐形**」，也就是佛道兩家所講的修行，名稱不同，道理一樣，也就是孟子前面所說的，「**其生色也，睟然見於面，盎於背，施於四體**」，所以形色也是天性之一。「**惟聖人然後可以踐形**」，只有學問、修養、實踐，才能眞正改變自己生命，變化氣質，達到聖人的境界，做到心物合一。換言之，能夠做到了心物合一的聖人境界，才能夠「**踐形**」，居天下之廣居了，也就是頂天立地的大丈夫，也就是道家所說「宇宙在手，萬化由心」的眞人境界。佛家也說過同樣的話，修成了的人，看三千大千世界，「如觀掌中菴摩羅果」，像看手上的一個橄欖一樣，清清楚楚，一切的變化，可以由自己的意志控制、轉移。

# 兩個故事 三個論點

齊宣王欲短喪。公孫丑曰：「為朞之喪，猶愈於已乎？」孟子曰：「是猶或紾其兄之臂，子謂之姑徐徐云爾。亦教之孝弟而已矣。」王子有其母死者，其傅為之請數月之喪。公孫丑曰：「若此者何如也？」曰：「是欲終之而不可得也，雖加一日愈於已。謂夫莫之禁而弗為者也。」

這裡開始說的，是孟子關於教化的觀點。

首先提出的一個問題，就是「**齊宣王欲短喪**」，齊宣王準備發布命令，改變全國一個自古以來的風俗，就是父母死後，把守喪的時間縮短，不要那麼長了。

中國幾千年的古禮傳統下來，父母死後要守喪三年。我們現代人守喪，最多一百天就很長了，也許只守三天。過去非守三年不可，這是上古中華民族文化上的一個大禮節，也等於是上古的大憲章，非常重大，歷代都很重視。以前家中有父母之喪，不論官多大，地位多高，都要立刻請假回家守制，否則就犯大不孝之罪行。在歷史上曾經有皇帝下令永不錄用的記錄。像明清兩朝就曾經發生過幾件大案，都是大官們於父母死後，沒有回家奔喪守制，於是監察御史就奏章彈劾，連皇帝都無法爲他庇護，甚至會激起全國讀書人的公憤。

至於一般平民，父母死後，也要守三年之孝，縱然爲了生活，不能不謀生，至少百日之內也不能理髮剃鬍鬚。現在有的人守古禮的，也起碼在一百天內，守在靈位面前，足不出戶，當然也不理髮、不剃鬚。最近，這裡有位同學，政大畢業的碩士，年齡不過三十多歲，父親死了，他就是如此守制的，一切都能做到盡禮。有同學去探望慰問他，看見他的鬍鬚已經長了三四寸長，因爲他在台的族人有很多，是一個守禮的家庭。

可是我們現在社會上，對於這些禮儀，是相當紊亂的。舊的文化禮儀被打倒，新的一直沒有建立。有的人父母死了，屍骨未寒，手臂纏了黑紗，女人的頭髮用粗麻紮了蝴蝶結子，表示戴孝守制；可是又跑到舞廳跳舞，跑到酒家去買醉，看電影、聽歌的，更不在話下。

依古禮，訂定三年之喪，因爲人出生後，從吃奶到離開父母的懷抱，總得兩三年，父母在這三年中，是最辛苦的，所以服三年之喪，就是略表對父母的一點還報。這個道理，孔子曾經說過，在《論語・陽貨》篇，宰予拿出一大堆理由來，認爲三年之喪爲期太長，主張縮短。孔子說，你如果心安，你就去縮短吧。等宰予出去後，孔子說：「予（宰予）之不仁也，子生三年，然後免於父母之懷。夫！三年之喪，天下之通喪也，予也，有三年之愛於其父母乎」。

在上古的時候，皇帝遇到父母之喪，也要退居，另住別殿，停止朝覲的事，政事要靠宰相；遇到重大的事情，才提出報告，這是上古的制度。到了後來的宗法社會，就更嚴重了。

根據這一事件的演變來看，可見人與人之間的情感，是隨社會生活形態的轉變而轉變。過去農業社會，安土重遷，不肯離開自己家鄉與祖宗的廬墓；即使自己的家鄉最古老，最貧瘠，但到老來還是懷念自己的家鄉。所以安於本土，重視遷居是一件不得了的大事，因為不肯流離失所。但是到了工商業的社會，這種觀念有所改變，好像四海都可以為家了。

可是，要注意的是，一個人出生成長的地方，長期生活在那裡，一切養成了習慣，到了臨終之前，會反映出來。那時所見的是故鄉的情況，所說的也是兒時所說的鄉音。這在心理學上、靈魂學上、宗教學上、醫學上，都是有待研究而且是非常重大的問題。

歷史上這種情形很多。如明末的一位大儒朱舜水，在滿清入關以後，不願意投降，到日本去，傳了許多中華文化學說給日本，對於日本的文化，有非常大的影響。他的墳墓，現在還在日本。當他臨終的時候，有許多日本的學生，圍在他的病榻前，如子女之對父親，問他最後有什麼吩咐。可是他所說的話，統統是故鄉的方言，學生們都聽不懂。現在推行國語，許多人自小就說國語的，那就好辦了。但是，不要輕視這個問題，這對於人類精神、心理的作用，是很奇怪奧妙，値得研究的。

就我個人的體驗，曾在中國西南的邊疆，罹患瘧疾，白晝發病，夜間還要批閱公文，處理公務。當時沒有醫藥，纏綿半載，辛苦非常，如果沒有意志支持，隨時可能就死了。有一次我在高燒時，所見到的幻境，都是家鄉的景象；旁人說話，聽來都似鄉音。當時感到或將死亡，想到「埋首何須桑梓地，人間到處有青山」，以及「老死何妨死路旁」這些詩，便吩咐部下如何爲我料理後事。實際上，當時旁人說的並不是我故鄉的口音，這就令我深深體會，人到了生命的最後時間時，在精神、心理上的狀態，都與故鄉有關。

平常和老年人聊天，他所講的，都是「從前如何如何」的老話，而且重重複複，千遍萬遍，所說的都是「從前」，不厭其煩，在他則永遠是新的話題；而對於新近的經歷，卻又立即忘記。人到老死階段的精神，大多有這種情形。

歷史上從子路、陽貨以下，曾經多次的有人想縮短喪期，但未成功。現在這裡是講齊宣王要想改變這個禮儀。他要「**短喪**」，不要浪費那麼多的時間守喪，要縮短多少，這裡沒有說。但是，當時孟子的學生公孫丑，聽到這個消息，回來對孟子談到這件事。公孫丑說：「**為朞之喪，猶愈於已乎**」，如果把古禮的三年之喪，減縮得太短了也不成話，如果齊宣王能夠聽其他的一些意見，改成一年喪，比半年、一百天，還好一點，還保持了傳統文化的精神。

孟子聽了不同意，他訓示公孫丑說：「**是猶或紾其兄之臂**」，你這樣的主張，等於是要把你哥哥的膀子扭斷，反而對哥哥說，你別怕痛，我不會用力太猛，只是慢慢給你扭斷。猛力一扭是扭斷，慢慢扭也是斷，都是一項破壞中國傳統文化的事情。這不是說減爲一年、半年，或一百天的問題，這是不通的。在你公孫丑的立場，不應該這樣主張，你只要把訂定三年之喪的孝道，與父子兄弟的友愛的原理告訴齊宣王就對了。你作爲一個大臣，不應該因爲上面的權勢而不敢講話，應該以正道告訴他，不能將就。一個大臣，遇到如此重大的事情，如果遷就君王，就是「逢君之惡」，那是最大的錯誤。這是一件事情。

第二件事情，是說齊宣王的一個兒子，他的生母死後所發生的事。過去的皇帝，除了一個皇后外，還有很多妃子；民間的人士，除了一個妻子外，還有許多小妾。在中國過去的宗法社會裡，凡是姬妾，儘管她所生的孩子，還是以父親的原配爲「嫡母」，而對自己親生的母親，禮儀上的名稱還是「庶母」，即使後來有了很高的地位，但在家譜上的記載，仍爲「庶出」，他的母親仍爲「姬妾之輩」，這是幾千年以來的習慣。

如民國初年，國民政府主席譚延闓，在前清是進士出身，學問好，望重當時，爲了國家民族，參與革命，推翻滿清後，有一度被選爲國民政府主席。身爲一國的元首，那時他的生母逝世，因爲是一個妾氏，出殯時，宗族間不許將靈柩由譚府的中門抬出去。他奔喪回家，在出殯的時候，匍匐在母親的棺材上痛哭，不肯下來。因爲他已經是一國之元首，族長們便不得不開了中門，將他母親的棺材連同匍匐在上面的譚主席，一同從中門抬出去。

從這件事看到，中國古代的禮儀，有些地方不能與現代的生活形態吻合，而是有其時代性的。所以在民國初年五四運動階段，有些文人專門將過去宗法社會制度中的這類繁文縟節的毛病挑出來，一概推到「孔家店」的身上，攻訐宗法社會的這些弊病與陰暗面。

由這裡介紹的歷史故事，大家就可以了解，齊宣王的兒子，在其生母死後，爲什麼要請喪。他的母親，只是一個姬妾，即使她所親生的是位王子，也不能爲她守三年的喪，只能爲皇后守三年的喪。所以在古代的宮廷之中，常因這種問題，遭受痛苦乃至發生變亂。

當時，這個王子心裡，非常難過，要爲母親守喪。過去的王子，都有一個老師輔導，叫做「**傅**」，就是師傅。「**其傅為之請數月之喪**」，這位王子的老師，爲他去向齊宣王請求守制的期限，他說既然王子有這一片孝心，要以特別的例子來辦理，讓他守半年或幾個月的喪期。

公孫丑爲了這件事，來和孟子討論，問老師這樣變通，在禮儀上不必守喪的而給他守喪，合不合於禮？

孟子對於這件事，講得非常合理。所以孟子的思想，有時候是革命的思想，對文化也有革命的主張。他說，「**是欲終之而不可得也**」，這當然應該，如果阻止王子不爲母親守喪，這只是表面上的行爲，而在內心上他還是痛苦的，這是人之常情，想去阻止他，也是做不到的。社會的習慣，帝王的權威，固然可以阻止他那樣做，但到底是他親生的母親，不要說給他加半年或三個月，即使給他加一天也是好的，他的心也可以安一點。這種事是禁止不了的，並不是完全靠法令和禮儀規定的問題，而是人性的眞情流露。一切的制度與法律，離不開三個原則——合情、合理、合法。孟子對這件事，是主張要以人性、人道的自然流露來決定。

這裡是兩個故事，三個論點，都是關於孝道、守制的問題。爲什麼插在本章中間呢？我們研究文章的作法，可以說全部《孟子》的文義連貫，接合得天衣無縫。上面說到「**惟聖人然後可以踐形**」，「**形**」就是一個人行爲的表態，社會制度、政治制度、人的生活習慣，這些都是形態。本來禮法、是非、善惡，也是後天人爲設定的標準；對於形而上的本元來說，是非、善惡、禮法等等，都是假設的。

例如現在女性的服裝，不但光著兩隻手臂，露出兩條大腿，乃至袒胸露背；而在古代，連手臂也不能外露，如果露出手腕來被一個陌生人看見，有的人就羞死了。假如現在有女性爲了被人看見肉體而羞死，不被人罵爲神經病才怪。這說明是非、善惡的標準是人爲的，因時間、地區（空間）、風俗習慣而變動不同的。如果不通古今的變化，執著於傳統形式的道德標準，泥古不化，是行不通的。可是，現在人不鑑古通今，誤解自由意識，愛怎麼做就怎麼做，而不管他人，也不管社會中的互動關係，這也是不了解「**踐形**」的道理。所以「**惟聖人然後可以踐形**」，在某一種情況，某一時代，某一地區，要守其習慣成俗的規範。因此將討論喪制問題的文章，緊接著「**惟聖人然後可以踐形**」之後，放在這裡，無形中作了一個巧妙的論議。

接著，是敘述孟子對教育踐形的主張，也同樣是教化的道理。

# 孟子的教學方法

**孟子曰：「君子之所以教者五：有如時雨化之者，有成德者，有達財者，有答問者，有私淑艾者。此五者，君子之所以教也。」**

**公孫丑曰：「道則高矣！美矣！宜若登天然，似不可及也；何不使彼為可幾及，而日孳孳也？」**

**孟子曰：「大匠不為拙工改廢繩墨，羿不為拙射變其彀率。君子引而不發，躍如也。中道而立，能者從之。」**

這裡孟子說到教學方法的五個重點。

第一種「**有如時雨化之者**」，所謂「**時雨**」不是時時下雨，而是天旱久了，田裡的禾苗就快要全部枯死，在這重要的關頭，突然來一場大雨，把禾苗全部救活了，這場雨就是「**時雨**」；適時而至的雨，一般人的口語叫做「及時雨」。「**有如時雨化之者**」，或是當人在疑難未決的關鍵時候，應機施教，這時等於機鋒相對，豁然開朗，心開意解。這種情形，有如古人說的一句成語「如沐春風」。或是揚眉瞬目，領會於心，這是屬於有形、無形中受感染而來，並不是後世帶有強制性教育管理的內涵。這種誘導式的，比較自然的影響，就像古詩所說：「細雨濕衣看不見，好花落地聽無聲」，是不著痕跡的產生影響，改變了一切，這眞是「**時雨化之**」的最高境界了。

第二種「**有成德者**」，以中國教育狀況而言，孔子的教化，就是造就了一生德業的成就，所謂三千弟子，七十二門人，都得其「**時雨之化**」。另舉一例來作比較以說明。

隋唐之間有位學者王通，造就了一個時代，在他死後，他的弟子門人私諡他爲「文中子」。他生逢隋末的亂世，爲了中國歷史的繼往開來，他本想自己出來有所作爲，後來與隋煬帝見面一談，知道時機未到，於是立即回到河西，教化子弟。三十年後，大唐開國的文臣、武將，如房玄齡、杜如晦、魏徵等人，大多是他的學生。可以說在他的教化之下，開創了歷史上一個新的時代，這正是「**有成德者**」的說明。可惜一般研究歷史文化的學者，很多人都忽略了他。

第三種「**有達財者**」，是去教人發財嗎？當然不是，在古代「財」與「才」兩個字有時候簡化，可以通用的，就是造就智慧、學問非常通達的人才。教化出一個「究天人之際，通古今之變」的達才，是很不容易的。明清兩代五六百年間，是以八股文體爲標準考試取士，限於宋儒四書章句範圍，這種作風，實際上扼殺了天下英雄氣。

清末變法時，有兩句成語：「銷磨天下英雄氣，八股文章臺閣書」，因此大家紛紛要推翻科舉制度的框框，希望學術教育開放自由發展。但清末民初之間，在極力推翻八股取士制度以後，近百年來的現代教育，又限於當局自定的思想意識形態之中，學術科目形成新「八股」，比之舊八股更拘束困擾人才。如此過猶不及，要想造就通達之才，更不可能。在我「頑固、落伍」的思想中，看到現代的教育，則有無限的悲涼、哀傷。尤其現代教育造就出來的人才，通才越來越少，專才越來越多。專才固然不錯，但是一般人意識都落在框框條條款款之中，很難跳脫。再看未來的時勢的演變，是趨向專才專政，彼此各執己見，溝通大大不易，因此處處事事都是障礙叢生，這都是更加嚴重的問題。

能夠明道而又通達的人士，愈來愈少，社會也愈將演變得僵化。在這些問題還未表面化的時候，這個道理，大家不會有深刻的了解，我在這裡先作預言（編者按：講此課是一九七六～一九七七年之間），在今後的五十年到一百年之間，全世界即將遭遇到這種痛苦。雖然我這個預言，似乎言之過早，而言之過早的人，往往會像耶穌那樣，被釘上十字架。但是言之過遲，則於世無益；如果不早不遲的說出，則恐怕來不及了，所以只好在此自我批判，有如癡人說夢，不知所云了。

第四種「**有答問者**」，有問必答，無問不答。可是有的人，只是聽老師講而不問；去看老師，也不是質疑，只是想聽老師講課，卻不知道問題在哪裡，因此找到老師也提不出問題來。這是最近幾十年來的現象。以前的學生，很會提問題，老師也會答。例如禪宗的教育，有人問宋朝的大慧杲禪師：「眉間挂劍時如何」，他立即答道「血濺梵天」，同時又連下幾十個轉語，這就是會問會答。現代的人，既不會問，給他說了答案也沒有用，也聽不懂。

第五種「**有私淑艾者**」，現在一般人所稱的「私淑弟子」，就是根據孟子這句話來的。有時覺得中華民族很妙，我們每感嘆今日青年，不懂自己的文化，但也常接到陌生青年的來信，下面署名「私淑弟子」，意思就是並沒有直接聽過課，也沒有見過面，只是讀了著作，而對作者非常敬佩，感到從著作中學到了學問，受益良多，便認作者爲師，而自稱「私淑弟子」。

孟子提出了這五種教化方式。孔孟的教化，因古代文字簡化，從他們教學的經驗，確定有一個範圍，但這個範圍，也可以融會貫通古今中外的教育思想與原理。又例如印度釋迦牟尼佛的教育方法，也和孟子這裡所說的差不多。在他的教育方法中，關於「答問者」的方式，就有四種答法。

一、決了答：這近似於現代考試的是非題，爲提問題的人作一個肯定的答覆。例如問：明天我可不可以來聽課？答覆：可以。凡是肯定性的、否定性的，以及對事物有決定性的答覆就是決了答。

二、解義答：這是解釋性的答覆。例如問：爲什麼明天我不可以來聽課？答：明天是假日，這裡不上課。孟子對於學生們的問題，許多都是用「解義答」的方式作答。

三、反問答：就是以問題來答覆問題。例如問：停電了，電梯不能動，怎樣下樓呢？答覆說：你不能用腳走樓梯下去嗎？這種答覆的方式，除了答覆問題外，還可以在無形中訓練受教者的思考能力。

四、置答：所謂置答，就是把問題擱置，默然不語，不作口頭答覆，實際上，是逼他啓發本有的智慧。但是這種不作答覆，有時正是答覆，因爲有許多問題是無從答、無法答、不該答、或不便答的。所以聖人亦有所不答，孔子、孟子都碰到過這種情形，釋迦牟尼佛對於這些問難也是置而不答。假如我們問先有雞或先有蛋？置答。問先有男的或先有女的？也置答。因爲這些問題討論下去，爭辯將無止境，這不是人類的一般世俗知識所能了解的事，因此默然不語而置答。

古今中外，人心到底是相同的，公孫丑問孟子「道」，也和現在有許多同學向我問「禪」和佛法一樣，公孫丑問孟子：「**道則高矣！美矣！宜若登天然，似不可及也。何不使彼為可幾及，而日孳孳也**」。公孫丑說，道眞是好極了，可是太玄妙、太難了，像登天那樣難，就是學不會，達不到。爲什麼不設法使人容易學呢？這就像有人說，我們中國文化不科學，何不用西方的科學方法，把它一條一條列出來，或者編成一個公式，大家照著公式天天去做，不就可以學到了嗎。

例如有一個青年同學說，看不懂《易經》，現在看了英文本的《易經》，一看就懂了，因爲英文的《易經》，上面清楚列出來了。我反問他說，眞的嗎？可是我讀了幾十年的《易經》，也還不敢說完全懂得；你花三五天時間，看了英文翻譯的《易經》，就說懂了，你既然懂了，爲什麼又來問我呢？

然後我告訴他，外國人多半只知道一點皮毛，就立刻翻譯，立刻發表，自以爲已經精通了。一個教育家，誰不想把這「**道**」傳給別人呢？但有時候正如佛所說的「不可說」、「不可思議」。但「不可說」並不是「不能說」，「不可思議」並不是「不能思議」，而是對於至高無上的「**道**」，只可以意會，不可以言傳，因爲沒有辦法用言語文字表達清楚。所以公孫丑對於「**道**」很困惑，也希望編綱列目畫成框框，像現代的統計表一樣，一看就懂。

於是孟子告訴他：「**大匠不為拙工改廢繩墨**」，「**繩墨**」就是木工用來劃直線與方格的工具，叫做墨斗。一個好的木匠，不會爲了徒弟太笨，而去改變原來已定的標準；因爲一加一必定是二，一加二必定是三，沒有辦法改變。羿教人射箭，也有一定的標準，不能因射不好而改標準。發射人造衛星，也是不能違反大自然的規律。

這便是「**君子引而不發**」，所以教化最高的道理，是引發人性中本自具有的智慧，「無師自通」，並不是有個東西灌注進去使你明白。這種啓發式的教育，活活潑潑的，如孟子所描寫的「**躍如也**」，因此可以不偏不倚，「**中道而立**」。如果老師呆板告訴學生，填鴨式的教育，那就釘在一個死角，鑽到牛角尖裡去，就不是「**中道而立**」了。

如果老師呆板的告訴學生，學生雖然懂了，但已經落後了幾十年，等到學生趕上老師，老師又往前去了。而教育的目的，是希望後一代超越前一代。如果引用禪宗的教育方法，來發揮孟子的教育思想，可舉出很多很多的例子。禪宗的大師們，經常用這種「**引而不發**」的教育手法，對於聰明、伶俐、有智慧的人，輕輕點撥一下，使人自肯自悟，不然就是「誤」了。現在這裡只做一個概略的介紹。

宋代有一位大禪師，遇到一位學問好，官位高的人，很恭敬的向他問道說：「何謂黑風吹墮羅剎鬼國土」，意思是，什麼是突然一陣黑風，把人吹到惡鬼的國度裡去？這位大禪師，本來是一臉的慈祥，聽了他的問題，突然變得一臉怒容，一拍桌子，瞪眼看著他，大聲斥罵道：「你哪有資格來問這句話」。那位大官，原來很恭敬的請教，當場無緣無故挨了頓痛罵，火可大了，回罵道：「你這個和尚，混蛋！我客客氣氣問你……」還不等他說完話，這位大禪師立刻笑著說，你現在正是被「黑風吹墮羅剎鬼國土」了。這位大官忽然大悟，馬上跪拜禮謝。

這就是「**君子引而不發，躍如也。中道而立，能者從之**」，禪宗的教育往往是這樣，這還是容易了解的，有時被大師們矇了一輩子。曾經有人寫一部小說，描寫有一個人武功最好，人也聰明，自認為天下第一。可是，另有一個人對他說，只要你能答覆我一個問題，我就承認你是天下第一。這人問：什麼問題？那人就問：你是誰？於是這個武功高的人自問：我是誰？可是答不出來，便一天到晚自問我是誰？就此瘋了。

這個「我是誰」的話頭，也正是孟子「**君子引而不發**」的教育原理，必須要「**能者從之**」。如果不是「**能者**」，是會發瘋的。懂了這種道理，再去參禪宗「我是誰」的話頭，也可恍然而悟了。

# 何謂尊師重道

**孟子曰：「天下有道，以道殉身；天下無道，以身殉道；未聞以道殉乎人者也。」**

**公都子曰：「滕更之在門也，若在所禮；而不答，何也？」**

**孟子曰：「挾貴而問，挾賢而問，挾長而問，挾有勳勞而問，挾故而問，皆所不答也。滕更有二焉。」**

孟子所說的「**天下有道，以道殉身；天下無道，以身殉道；未聞以道殉乎人者也**」，這是中國文化中一項很重要的師道精神。

「中國文化」這個名辭，是現代人提出來的，以前沒有這個名辭，只是叫人讀書明「道」，而且要讀通。要注意的是「讀通明道」，不是只讀「懂」而已。讀一本書，懂得它的文字，懂得它的含義，這不難；可是讀書要「通」可就難了。依古人的目標看來，許多人讀書並沒有讀通，而是讀「塞」了，那是不通的。所謂通，就是所作的學問，經也好，史也好，包括農工科技等各種學術都能相互通達，融會貫通；而且作人處世之間，也能明白暢通，這就太不容易了。

孟子說：「**天下有道，以道殉身**」，這個「**殉**」字，有自然順從的意思，可不要看成是「殉葬」或「殉情」。當天下有最高度文化的時候，就是我們人類完全自然生活在「道」的文化中，一輩子都活在道的自然德性中。

其次是「**以身殉道**」，不是「**以道殉身**」。當時代社會處在變亂中，道德淪喪，文化墮落，一般人生活在這樣的時代，爲生存而不擇手段，互相爭鬥，唯利是圖，只顧個人生命需要而自私自利，沒有時間管什麼道啊、德啊。在這種情況之下，就是古人所謂的「覆巢之下，安有完卵」，一個有道德的人，想作「中流砥柱」絕不可能。所以自古以來，道家或儒家的有道之士，就採取避世、避地、避人，隱遁山林，以待時機再出山弘道。

這種時勢，在我們五千年的歷史上，有很多次的慘痛經歷，大家只要一讀歷史就可以明白了。再說老子、孔子、孟子等這些聖賢，也都生在時代離亂的環境中，他們無可奈何，只好講學傳道。他們在滔滔濁世中，作一盞暗路的明燈留給後世，薪火相傳，不斷道統，這就是「**以身殉道**」的精神。

以孟子所說，自古傳承道統的聖賢只有兩條路，一、在太平盛世，天下有道的時候，「**以道殉身**」；二、在天下變亂的時候，「**以身殉道**」；至於「**未聞以道殉乎人者也**」，是說不論人類社會的思想、教育、物質文明如何演變，「**道**」的文化精神，雖然看不見、摸不著，可是卻萬古長存，變動不居。所以不管貧窮低賤、富貴通達，都要安於這個「**道**」，獨立而不移，不要因爲時代的變亂，各種學術的混雜而改變自己，對別人的盲目學說，隨聲附和。如果歪曲自己的正見，而討好時代的偏好，就叫做「曲學阿世」。

「**公都子曰：滕更之在門也，若在所禮；而不答，何也**」，這是孟子所說五個教育方法中的「答問」問題。孟子的學生公都子提出來問，有一個名叫滕更的人，是一個小諸侯的弟弟，也就是後世所說的親王，高幹子弟之類。大概他有什麼問題，孟子沒有答覆他，所以公都子問老師說，滕更也是你的學生，至少他也算是及門的弟子，他問你，你不答覆他，這是爲什麼呢？

孟子說：一個人「**挾貴而問**」，就像孟子見梁惠王，梁惠王那種口氣，「叟，不遠千里而來，亦將有以利吾國乎」。老頭兒，你那麼遠跑來，對我國有什麼好處？這就是「**挾貴而問**」。孟子一聽，就給梁惠王過不去，說：「王何必曰利」，給梁惠王碰一個橡皮釘子。

有人是「**挾賢而問**」，這在社會上常常看到，有人自己覺得修爲了幾十年，自認爲有道，對於不知道的問題，向人求教，學來以後，裝成一副自我高明的樣子說：「你說的和我的意見差不多。」

還有人是「**挾長而問**」，自認爲年高，總以爲自己是對的。他不懂的問題，向人請教以後，大搖大擺捋捋鬍子說：「可以，可以」，好像說，你這小子還不錯，這是「**挾長而問**」的神態。

「**挾有勳勞而問**」，這是說有的人有身份、有地位，高官厚祿的人，被恭維慣了的，他有問題問你，他的心中已經覺得是看得起你，這樣的情形是「**挾有勳勞而問**」，你可以笑而不答，或婉轉推開了事。

還有的是「**挾故而問**」的，因爲有其它的原因，故而假借一個什麼問題來接近質問你，那也可以置而不答。

孟子說，對於這五種情形來問的人，都是有問題的。而滕更來問，佔了其中的兩樣，第一他是高幹子弟，「**挾貴而問**」；第二，他是另有目的，「**挾故而問**」，所以我不答覆他。

從這裡，我們看到了孟子的人格，表現出師道的尊嚴，而且比孔子看得還更嚴重。孔子是有教無類的，孟子則是有所斟選的。

孟子講教育、文化思想，以及態度方面的問題，到此告一段落。接著是另一高潮，講到個人的修養。

# 進步快 退步更快

**孟子曰：「於不可已而已者，無所不已；於所厚者薄，無所不薄也。其進銳者，其退速。」**

孟子這一類的文字，年輕人看來，會感到頭痛。「**不可已**」、「**而已**」、「**不已**」，已來已去，兩句話中三個已，其他多是虛字，不知他說了些什麼。他這兩句話如果翻譯成白話，就是說：「有些人，對於明知做不到的事，偏要去做，做得亂七八糟，這種作風發展下去，就沒有他不敢做的事了」。這就是說，個性僵化的人，對於一切事，都僵到底。

這種倔強的個性，有時候是很可愛的，但是犯了一個「**於所厚者薄，無**

**所不薄也**」的毛病，對輕重厚薄分不清楚。這類個性並不是壞事，一個人除了缺點以外沒有長處，任何一個人都有他的缺點，但是他的長處亦就在他的缺點上。例如老實是長處，老實人就笨，笨即缺點，但人不笨就不老實了。長處也是一樣，太過分就是缺點，人若聰明過分，就會滑頭。所以人要能認清自己的長處與缺點，輕重厚薄也能分得清楚，那麼缺點就會變成長處了。該厚的時候厚，該薄的時候薄，該輕的時候輕，該重的時候重，對自己處理得恰到好處。所以僵化的個性，不是不可以，但是也要做到適當的程度才好。

因此孟子下一個結論，也是千古不易的鐵則：「**其進銳者，其退速**」，進步得太快，退下來一定也很快。就教育而言，有些父母，如果自己的子女聰明過度，不能再把他當做聰明去培養，不能使他做超越年齡的進步；寧可培養他的厚重，讓他在知識上的進步慢一點，向下紮根基深厚一點，培養健壯的身體。否則的話，把他當「天才」去教育，到最後會把孩子弄到岔路上，這就是進步得太快，退步得更快。做事業如此，做學問如此，做工夫談修養也是如此，不要求急進，太快了不是好事。急進容易落於僥倖，僥倖得來的，就不能長遠保存，一定要工夫到了才行。凡事要慢慢來，這就要記住孟子這兩句名言「**其進銳者，其退速**」。現代青年，往往犯了「喜歡快速成就」的毛病，結果基礎不穩固。就像寫毛筆書法，只求快意，草書不像草書，簡直是鬼畫桃符，他自己卻說是創新的書法。假如古代有草聖之譽的米南宮（米芾）見到，恐怕也要跪下來投降了。

**孟子曰：「君子之於物也，愛之而弗仁；於民也，仁之而弗親。親親而仁民，仁民而愛物。」**

這是中國文化的中心思想：「**親親**」、「**仁民**」、「**愛物**」三個階段。美國以前的總統卡特，一上台就大談人道主義，於是人道主義的口號，在美國盛行起來，西方一些國家也跟著喊。但是做了多少？做了沒有？越南難民漂流在海上，外國輪船望望然而去之，雖見而不理不睬。我們台灣的輪船、漁船把他們救回來，一批又一批，安頓在澎湖好好生活。我們如果到了外國，或者遇到外國人，可以告訴他們，中國幾千年以來「**仁**」的文化，早已經是「超人道」的了。卡特的人道只是以人爲本位，是自由主義的個人立場，是人與人之間的；中華傳統的仁道是「**親親**」、「**仁民**」、「**愛物**」。現在美國人所號稱的人道主義，是以個人立場爭取自由，只是「**親親**」之後「**仁民**」階段中的一個小節而已。

至於孟子說的「**愛物**」是什麼內容呢？這是說人對於萬物，包括動物、植物、礦物也都須要對它們有愛心，這是仁義之仁的「仁道」，不同於現代西方人所說的「人道主義」。雖然愛物之心也由仁心而來，但到底不像對人那樣的仁慈，所以孟子說「**愛之而弗仁**」。他進一步說，對於人類，「**仁之而弗親**」，人與人之間是相愛的，是仁慈的，但是不如對自己親密的人那麼親切。這也就是前面所引述過的，假若孔子與釋迦牟尼，救兩人溺水的母親，誰先誰後的道理。「**親親而仁民**」，儒家的仁是個人先親自己的親人，然後再推而廣之，以及於整個人類，所謂「老吾老，以及人之老；幼吾幼，以及人之幼」，這就是「**仁民**」，然後進一步「**愛物**」。所以修養是以自己爲基礎，然後擴充範圍，及於天下，次序是慢慢來的。

**孟子曰：「知者無不知也，當務之為急；仁者無不愛也，急親賢之為務。堯舜之知而不徧物，急先務也；堯舜之仁不偏愛人，急親賢也。」**

孟子說：「**知者無不知也，當務之為急**」，「**務**」就是當前必須做、應該做的，也就是「時務」。大智慧的智者，對萬法的根源，沒有不知道的。所以「**知者**」在運用智慧處理許多事務時，就看哪一件事在時間、空間上最爲緊要，要先做緊要的，這就是「**當務之為急**」。

例如在一個廢墟上開始建設，若想三個月內，把一切都同時完成，那是一樣也做不好的。一定要先開道路、接電源，一步一步來。「**仁者無不愛也，急親賢之為務**」，一個仁者，心懷仁慈，對萬物都慈悲，對所有的人都愛，這也是一下子所難做到的。第一步要親近有道之士，之後有了仁心，才能救天下。「**堯舜之知而不偏物**」，堯舜是聖人，他們的智能，也不可能一下子把天下治好；聖人要「**急先務也**」，也是要先看清楚，什麼是最重要的，應該先做的先做。「**堯舜之仁不偏愛人，急親賢也**」，堯舜是聖人，極仁愛，愛天下之人，他們也不可能一下子就平均普偏的愛盡天下人，所以他先要找好的人來治理並教化老百姓。

# 關於服喪

**「不能三年之喪，而緦、小功之察；放飯流歠，而問無齒決；是之謂不知務。」**

這裡是從孝道的禮節上，來作一個結論。

孟子說：在孝道上，爲人子女的，對生身父母不能夠服三年之喪，以反報父母三年懷抱的愛心，反而要「**緦**」、「**小功**」，這些晚了好幾輩的孫子、曾孫、玄孫們守孝，責備他們爲什麼不哭。事實上隔了幾代的人，時光又差這麼遠，實在沒有情感，哭不出來，父母卻一定要他們哭。

孟子又引用《禮記．曲禮》所說進食之禮的道理說：「**放飯流歠，而**

**問無齒決**」，用手抓飯抓菜送到口裡，喝湯的時候，發出「呼嚕呼嚕」的聲音，對於這樣有失飲食禮儀的，不加過問，而對於別人咬肉乾時，牙齒響了一下，卻去注意有沒有掉牙齒，這就是只注意不相干的事。世界上有許多人都是如此，當注意的不注意，不當注意的去注意，都是不急之務。現代許多青年，最應該關心的是自己的學業前途，但他不去關心，卻去關心一些不相干的事。

剛才孟子舉出的「**緦**」、「**小功**」、「**三年之喪**」，是有關喪祭的禮節，在中國文化中，佔了很重要的分量。不但孟子屢次提到，在《論語》中，孔子也多次提到。孔子在整理禮樂的時候，在《禮記》中，除了有〈喪服小記〉一章，專門記載這個問題以外，在〈曲禮〉〈檀弓〉等等篇章中，也有所記述。對於喪事的禮節，規定得非常詳細，連一根喪杖的粗細，束頭髮的繩子或簪子的質料形狀，也都有記載，可知古代對於喪事的安排和禮節，是非常嚴謹而鄭重的。

這些記載，讀起來似乎很繁瑣，但做起來並不麻煩，可以恰當的表達後人的傷痛情感和尊敬；在形態上也很能表現出家庭親族，以及社會倫常，對一個生命消失的弔念。只是後世的人，有些在「做給別人看」的目的下，增加了許多鋪張，甚至把喪事幾乎變成了喜事，弔喪有如參加酒會，藉此交際應酬，在經濟上更形成一種無謂的浪費，而爲大家所詬病。

尤其近二三十年來，喪禮的儀式與精神，幾乎完全沒有了，而美其名爲簡化，但所做的，則正是那些不應該有的鋪張浪費。這種情形，不但在殯儀館中可以見到，在馬路上的出殯行列，也每使人有不知所云之感。即以報喪一事來說，應由喪主親往有限的親族家中報喪，才是盡禮，不該報的則不可去報。現在卻不行登門報喪的禮儀，而浪費上千上萬的金錢，在報紙上大登其訃告，而所有刊出的訃聞，連輩分、喪服都錯誤百出。這裡順便作一介紹。

喪服只有五種，稱作「五服」，其等次如下：

一、斬衰（音斬摧）：守喪時間爲三年，所穿喪服用最粗劣的麻布製作，不縫下邊及旁邊。

二、齊衰（音資摧）：守喪時間，杖期的一年或五月，不杖期的六月，喪服用稍粗麻布製作，縫邊。

三、大功：守喪時間九個月，喪服用粗的熟麻布製作（即經漂白後的粗麻布）。

四、小功：守喪時間五個月，喪服用稍粗的熟麻布製作。

五、緦麻：守喪時間三個月，喪服用細的熟麻布製作。

這裡有「杖期」與「不杖期」，就是「執喪杖」或「不執喪杖」。喪杖粗爲一搤，就是大拇指與食指，繞成一圈那麼粗，長不過膝，就是和下腿一樣長，外面裹以刺狀的白紙，但所用的質料，因死者的性別而不同。男性用的名苴杖，用竹製成，以其圓形象天，性貞，四時不凋謝，表明子爲父禮中痛極，自然圓足，有終身之痛。女性用的名削杖，用桐樹削成四方形的杖，以象地，表示桐隨時間的轉變到秋天即凋落。母喪外雖削殺，服也從時除，而桐心是實的，終身之孝心，當和對父親相同（桐）。由此可知在禮儀上的每一細小事物，都不是隨便規定，而有其深刻的含義，一定的表徵。

另外還有一種杖，俗稱齊眉杖，是妻子死了，丈夫服亡妻之喪而用的，也是用桐製作，但杖的長度，高與眉齊。不過這是東漢時，梁鴻、孟光夫婦舉案齊眉的故事發生以後，才有的禮儀。因爲齊眉杖，就是象徵夫妻相敬的意義。在訃文中，看到自稱「杖期生」的，就表示丈夫爲亡妻執這種「齊眉杖」。不過，如果父母尚在，則不可以執這種杖，所以凡在訃文上看見有「不杖期生」的，就知道死者的公公婆婆或其中之一尚健在的。

另外還有兩種特殊的服喪，一種名「降服」，一種名「反服」。所謂「降服」，如兄弟二人，弟弟無子，哥哥將一個兒子過繼給弟弟繼承宗祧，成爲弟弟的兒子。但當這孩子的生父死了以後，還是要服喪，只是不必服三年的斬衰之喪，可以降低服一年的齊衰之喪，在訃文上稱「降服子」。女兒出嫁也降服。至於反服，則是尊長執卑晚的喪，如父親執長子期年的喪，或執眾子五月之喪，名爲反服，訃文上稱「反服父」。

關於喪服的體制，大約分爲六大類：（一）本宗九族五服。（二）妻爲夫族喪服。（三）出嫁女爲本宗親屬降服。（四）爲本生親屬降服。（五）妾爲家長族內服。（六）外親服等。

關於喪服的詳細規定，可參考《幼學瓊林》。

下篇

# 聖賢事業

孟子曰：「不仁哉，梁惠王也！仁者以其所愛，及其所不愛；不仁者以其所不愛，及其所愛。」

公孫丑曰：「何謂也？」

「梁惠王以土地之故，糜爛其民而戰之，大敗；將復之，恐不能勝，故驅其所愛子弟以殉之。是之謂以其所不愛，及其所愛也。」

孟子曰：「春秋無義戰；彼善於此，則有之矣。征者，上伐下也；敵國不相征也。」

〈盡心〉下篇一開始，就討論中國的政治思想和軍事思想在仁（人）道哲學上的大問題。

第一句「**不仁哉，梁惠王也**」這句話，就等於是後面幾段文章的標題。

孟子這是批判梁惠王與齊國的戰爭，那一次的結果，是梁惠王大敗。這次戰役大家都知道的，是齊國的名將孫臏，和他的同學龐涓之間的故事。當時梁惠王還是魏惠王，他用龐涓當元帥，興兵去攻擊齊國；齊國則用孫臏為帥抵禦，最後齊國打敗了魏國。因為龐涓被誘進一個峽谷之中，兩邊萬弩齊發，他無處可逃自殺而死，連梁惠王的太子也被俘虜了。在這次戰役以後，魏國迫不得已，遷到大梁，所以魏惠王才改稱為梁惠王。《孟子》這本書，一開始是孟子見梁惠王，那是魏國這次戰役大敗之後。至於這裡一段話是什麼時候說的，則很難確定，但他是和學生公孫丑說的，應該是公孫丑在齊國任仕的時候。

孟子批評梁惠王太不「仁道」，他說一個實行仁道的人，是「**以其所愛，及其所不愛**」，就是有大仁慈之心，平等對待所愛與不愛的人。人都有私心，比較偏愛自己的人，人性本來就是如此，雖是缺點，並不算什麼過錯。但是一個人若要學聖人的王道，就應該了解人性的缺點，更要修正自己性格上的缺點，把愛自己人的心理推己及人，這就是聖人的仁慈之道。

他說，不仁的人則相反，是「**以其所不愛，及其所愛**」，一件事本來不應做的，但爲了滿足個人的欲望，發動了侵略，結果給親近的人帶來大大的不幸，所以是不仁。

公孫丑問孟子：你說梁惠王最不仁，這話怎麼講？

孟子說：梁惠王發動戰爭的結果，軍事、外交都失敗，因此而生氣，爲了爭取土地，而「**糜爛其民而戰**」。「**糜爛**」一辭，就是不明智的犧牲自己國民的生命財產。

民國五十八年，我在日本東京時，曾應邀演講，我告訴百位在座的日本大學校長、教授們，世界上最可怕的有兩件事，一是刀，一是錢。你們日本人，過去做了一次夢，以爲武力可以征服世界，所以發動侵略戰爭，犯了這樣大的錯誤，結果無條件投降，幾至滅國。大戰結束後，二十多年來，日本能繁榮建設，正是中國人所給予的。因爲中國三千多萬軍人流血犧牲，不向日本復仇，不要日本賠償，日本才能在這二十多年中重建，繁榮起來。可是現在日本又做一個夢，想成爲經濟大國，用錢買通全世界。這一個做法，將來所得的果報禍害，比第二次大戰的果報禍害會更可怕。無論個人還是家族，權太大了，錢太多了，都將成爲自己的禍害。

同樣的，梁惠王當時也是這樣，戰敗了就想報復，用各種手段發動戰爭，又恐怕不能打勝，竟然不惜將自己最親愛的兒子，送到戰場上作統帥，結果被俘而全軍覆沒。這是孟子親眼所見，是最不值得的一次戰爭。等於第二次世界大戰，日本侵略中國，不但害了中國，還害了日本自己，甚至影響了全世界，造成今日處處變亂的局面。所以日本的軍閥，也是最不仁的。

孟子在評判了梁惠王與齊國的戰役後，提出了一個軍事的哲學觀點。

他說：「**春秋無義戰。彼善於此，則有之矣**」，在春秋五霸以來，直到戰國時代，各諸侯國之間的戰爭，都沒有「**義戰**」。春秋二百四十年間，「弒君三十六，亡國五十二」，沒有爲公道正義而戰。中國上古正統的軍事思想，反對隨便發動戰爭，只有爲正義而不得已啓動戰爭。所以中國的「武」字，是止戈兩字合成的，所謂「止戈爲武」，意思是以威武遏阻濫用武力者。這就是黃帝子孫軍事思想的基本精神。老子說：「以正治國，以奇用兵，以無事取天下」，又說：「兵者不祥之器，非君子之器，不得已而用之」。這都是「止戈爲武」的精神。

孟子接著說：「**彼善於此，則有之矣**」，這句話像禪宗的話頭，「如珠之走盤」不落邊際，隨便怎樣解釋，都不對也都對。且不去管古人是怎麼解釋的，我們從多方面去看看。

「**春秋無義戰**」，這句話是點題，反正三代以下的戰爭，幾乎沒有一次是爲正義而戰的。但是有些人懂了歷史，擅於運用，天下好話說完，壞事做盡，發動了戰爭，卻口稱爲仁義而戰。就如當年日本侵略中國時，提出「大東亞共榮圈」、「大東亞民族主義」、「同文同種」等口號，事實上都是假的，只是說很好聽的理論，其實就是侵略。

「**春秋無義戰**」，也可以另外解釋爲：本來義戰就很少。對於我們的老祖宗黃帝征蚩尤，建立民族國家基礎的戰爭，後世學者也有懷疑。且不管懷疑如何，哪個歷史上的戰爭，眞正是爲天下公義而戰？「**彼善於此**」，如果兩方面都能運用得好，正反善惡都會用的話，或者勉強可以打一次戰爭。

無論就上面哪一種解釋來批評，梁惠王的這次戰爭，都是無道的侵略。

孟子提出「**春秋無義戰**」，但並不是絕對反戰。如果是爲正義而戰，爲仁義而戰，那是「不得已而用之」，是應該的戰。但是爲私慾，爲兼併侵略別人而發動戰爭，這是無義之戰，戰得沒有道理，就應該反對。

他又說：「**征者，上伐下也，敵國不相征也**」，這是以春秋筆法，講到「**征**」的問題。所謂「**征**」，孟子了解中國文化的傳統定義，是「**上伐下也**」，上面打下面叫作「**征**」。譬如說，中央政府看見某一地方有盜匪，或者地方上兩邊發生了戰鬥，於是出兵去消滅盜匪，干預阻止地方的戰鬥，這是「**征**」。如果上面發現下面做得不對，出兵以武力去糾正，干預、阻止，或用武力去解決地方的紛爭與錯誤，也是「**征**」。這是「**征**」的第一個原則。

第二個原則，「**敵國不相征也**」，這個「**敵國**」的「**敵**」，不是仇敵，而是平等相對立的意思。譬如古文中稱「夫婦爲敵體」，並不是說一對夫婦成了仇敵鬧離婚，而是說夫婦是平等相對的兩方。齊國與魯國，都是受周天子分封的諸侯，地位相等，爵位相等，都一樣是「公爵」；而且人口相當，領土幅員也相當，那就是平等的兄弟之邦，就稱爲「**敵國**」。這樣的兩個國家，是不可以「**相征**」的，應和平相處。對方如果沒有對不起我方，沒有侵害我方，就不應該出兵去攻擊對方。像梁惠王出兵打齊國，是沒有理由的，因爲當時齊、魏兩國，是兩個獨立國家，小怨或者有之，但絕無大怨，梁惠王（當時是魏惠王），怎麼可以出兵去打齊國呢？假如是齊國犯了大錯，除非中央周天子發佈命令，號召各路諸侯聯盟，才可以征伐。現在齊魏是「敵體」之國，魏並未奉到中央政府的命令，怎麼可以擅自出兵去攻擊齊國呢？

事實上，從春秋到戰國，各國諸侯，根本就沒有把中央周天子放在眼裡。春秋之五霸，戰國的七雄，諸侯各國之間的互相攻擊，都自稱「出征」，是歪曲了「**征**」的傳統文化定義。後世也這樣說，錯用「**征**」的名義，產生了錯誤的觀念，而形成一個思想問題。例如後世的國際戰爭，在戰鬥之前，先要通知對方，犯了什麼錯誤，限期改善，否則將要以武力對付；現代叫作「最後通牒」，音譯為「哀的美敦」書，如仍不改，於是宣戰。我國古代名為下戰書，然後展開戰鬥。到了第二次世界大戰，日本侵略中國的戰爭，是不宣而戰，而在第二次世界大戰以後，在亞洲，在中東，在非洲等地區發生的國際性戰爭，都是不宣而戰。

講到戰爭的道理，這種侵略戰爭的發動者，不論當時如何強盛，最後在歷史的記錄上，總是沒有好結果的。可是這一個道理，還是有問題，也許是因為有人發問，所以孟子答覆如下：

# 歷史難讀

**孟子曰：「盡信書，則不如無書。吾於〈武成〉，取二三策而已矣。仁人無敵於天下；以至仁伐至不仁，而何其血之流杵也！」**

孟子說，歷史的記載並不一定全部可靠。我常說，歷史的記載，人名、地名、時間都是眞的，很多事實卻走了樣；而小說的敘述，人名、地名、時間都是虛構的，而故事卻常為事實，這是歷史與小說的不同之處。正史有時候記的是歷史的另一面，所以歷史是很難讀的。例如讀《春秋》，非要把全部《春秋》讀完，反覆研究，才可找出孔子寫《春秋》的精神及歷史的背景。又如司馬遷仿《春秋》筆法而寫的《史記》，也是很難讀的，其中漢高祖、項羽的傳記，寫他們兩人好的一面，寫得眞好，只稍帶一點點瑕疵；而眞正不好的一面，卻寫在另外一些人的傳記中。所以要看完全部的《史記》，才能懂得《史記》，只看一篇，或若干篇，是無法讀懂《史記》的，當然也就不會眞懂歷史了。

後世的歷史，都是如此。例如大家都說，在漢高祖之後，唐太宗是最英明的皇帝。我們讀了《貞觀政要》，感覺唐太宗的確很好，可是另舉一個小小的例子，來看看唐太宗好不好吧！有一個人，追隨唐太宗很久，也很有功勞，但唐太宗硬是不喜歡他。這個人有一天說：「人是要靠命運，不知道哪一天，我的運氣才會好起來」。唐太宗對他說了兩句名言：「待予心肯日，是汝運亨時」，等老子哪一天高興的時候，你的運氣就來了。這居然是當皇帝的人說的話！十足反映有錢有勢的人的心理狀態。透過這兩句話，所有唐太宗的一切好，是否須重新判斷呢？

再看唐太宗建立了考試制度，在第一次考試後，他站在高臺上，接受考取的士子們朝見。士子們山呼萬歲，他高興的說：「天下英雄盡入吾彀中」，意思是說，我設了一個圈套，天下英雄都投到我的圈套裡來了，被我籠絡住了，聽我擺布了。從他的這句話中，就覺得他並沒有什麼可愛，只能成就一個霸業而已，沒有聖君道德，不像堯舜那樣的味道。看通了歷史的這一點，哪一個帝王不是如此啊？這就叫做「**盡信書，則不如無書**」。

孟子爲什麼在這裡插進來講這個道理呢？他上面說到「**春秋無義戰**」，跟著說到「征伐」，說「**征**」只是「**上伐下**」的戰爭，而不能隨便用「**征**」的。當時戰國的諸侯之間，隨便出兵侵略，還要說是「征伐」，這是不應該的。

此時也許有一個人問孟子：商湯攻擊夏桀，周武王出兵打殷紂，不都是以下攻上的部下叛變嗎？爲什麼歷史上卻稱他們是征伐，說是湯伐桀，武征紂呢？紂王雖壞，也輪不到做部下的去推翻他。而且歷史上記載，周武王打紂王的時候，血流漂杵——所流的血，可以把舂米的木杵都漂起來，血流成河，可見殺了太多人，居然還說周武王是仁者之師！

這一問，大概問得孟子也沒有辦法，只好自己捋捋鬍子說：「**盡信書，則不如無書**」。有時候歷史的記載對一件事難免有過分渲染之處。可是回轉來，讀了《孟子》這部書，也可以對孟子說：「盡信你，則不如不信你」，所以歷史是很難說的。

關於這方面，我們有幾個史例可以提出來研究。

第一個例子是司馬遷的《史記》，寫到周武王出兵打紂王的時候，周文王找到姜太公商量這件事，司馬遷用了「陰謀修德」四個字，作了定論。說文王與姜太公這兩個老頭子在一起陰謀；然後才由武王出來起兵，所以武王之伐紂，是預先有佈置的，並不是那麼簡單的。這「陰謀」兩個字，就是春秋筆法，微言大義，要讀完了《史記》，而且要仔細地讀，才可以發現，這兩個字就是對文王、武王、姜太公的一個定評。

後來到了明朝，有一個和尚，就是禪宗的蓮池大師，寫了一首歌，題名「七筆勾」。因爲他讀了全部《史記》，讀到「陰謀修德」這裡，對於文王、武王、姜太公等等一筆勾，把聖也者，賢也者，都勾掉了。所以司馬遷寫完了《史記》，吹個大牛說：「藏諸名山，傳之其人」，意思說，我寫的文章，你們都看不懂，將來終會有人讀懂。這是他輕視同時代的那些人，認爲那些人都看不出他在文章中所涵蘊的歷史哲學。

另外有一個人，就是上通天文，下通地理的邵康節，一生不出來做官，他有兩句名詩：「唐虞揖讓三杯酒，湯武征誅一局棋」。這是說，堯老了把皇帝的位置交給舜，舜老了把皇帝的位置交給禹，推位讓國，是和諧的交待；而商、周的征伐是和下棋一樣。他看歷史如此，覺得人生過去了就過去了，所以始終不出來做官。可是他這兩句詩，我們不要會錯了意，那並不是灑脫，而是含有無限的血淚。簡單的說：「唐虞揖讓三杯酒」就是恭敬退讓。「湯武征誅一局棋」就是有佈置的，預謀的。這是邵康節明顯而眞正的意思。這並不是我故意雞蛋裡挑骨頭，而是告訴大家，讀書要讀得多，而且要相互貫通，才可以看出其中的道理。否則就被邵康節美妙的文字騙過去了，還眞以爲他好灑脫，把歷史上人物個個讚好，如此轟轟烈烈的大事，寫成了「三杯酒」、「一局棋」，如果眞認爲如此，那邵康節在棺材裡都會笑了起來。

邵康節是北宋末期的人，無所不知，他在洛水橋上聽到杜鵑鳥啼，就說天下將大亂，吩咐兒子搬遷，從洛陽遠遷到四川。他指出地氣——宇宙之間有一股氣勢，這股氣勢，如果由南向北行，天下必亂；反過來由北向南行，則天下必治。所以南人為相天下必亂，自古以來，山東出相，山西出將，都與地氣有關。宋朝後來不久，王安石以南人當宰相，果然就開始啓動了天下的亂局。而洛陽在那個時候有杜鵑啼，正是地氣由南而北的兆頭。

邵康節是北宋晚期的人物，他曾經推算過這個國家民族未來的演變情勢，一直預言到今日以後的時代，而在今日以前的歷史變遷，他的預言都已經應驗了。當時曾有好朋友問他，宋朝今後的情勢如何，他一句話也不作答，回到家裡，寄了一部《晉書》給這位朋友。我們知道，晉分東晉西晉，宋朝後來也分北宋、南宋，而且南北宋半個天下的國勢，幾乎和東西晉的國勢完全一樣。可是，他是宋朝時代的人，不能明白的說出來，如果說出來要殺頭的，只好用這部《晉書》，作為強烈的暗示，看得懂的就心裡有數，看不懂只有自認蠢才了。

所以我對他的那兩句詩，各下一個註腳：「唐虞揖讓三杯酒」——恭敬謙讓的，「湯武征誅一局棋」——有預謀佈置的。

有學生問孟子，既然「**上伐下**」才是「**征**」，湯武之推翻桀紂，明明是以下去叛變上，歷史上怎麼可以說是「湯武征誅」？孟子對於這個問題，只好用這個「**盡信書，則不如無書**」辯解了。假如我是孟子，站在教育的立場，也不能不想辦法辯解一下，這就是一個宗教家、教育家的苦心，明知道有壞的一面，也不好揭穿；被人家揭穿以後，也必須要去把它扳正。

「湯武征誅」這四個字的歷史記載，後世用慣了，便認爲湯武革命是征誅，忘記了古人用這兩個字的本意，是對湯武的這個舉措，含有譴責的意義。這正是春秋的筆法，有如「鄭伯克段于鄢」，用「克」字以譴責鄭莊公，是同樣的道理。

但是，在中國文化中有兩句話：「三代以上，惟恐其好名；三代以下，惟恐其不好名」，三代以上的人，若好名則無所不爲；三代以下的人，假如好名，就努力去作一個好人，做一個好官，希望在歷史上留名。向這個目標走的話，社會就比較安定。同一個理由，在三代以上，對於「征誅」的看法是對的，而在三代以下，則是靠武功治天下，以成盛德。

從這個道理，想到清朝的龔定盦，他這個人很怪，康有爲、梁啓超，乃至於現代許多人，都在思想學說上受他的影響。他的兒子也怪，詩也怪，他有一首有關歷史哲學的詩：

**少年雖亦薄湯武　不薄秦皇與武皇**
**設想英雄垂暮日　溫柔不住住何鄉**

詩的意思是，向來就看不起商湯和周武王這兩個人，專門說假話，眞搶了別人的天下。對於秦始皇與漢武帝，則不會看不起，因爲在三代以下，爲什麼不可以有這樣的雄才？中華民族的英雄，就應該有這樣的雄才大略。大家批評秦始皇養了許多宮女，漢武帝到晚年也有很多妃子，其實這有什麼稀奇？一個大英雄到了晚年，事業成功了，無事可做，不到溫柔鄉裡睡睡覺，叫他到哪裡去消磨呢？

至於他們兩人，到晚年想求丹藥，當神仙，後世也有人說他們錯，可是世界上誰不想多活幾年，誰想早死呢？而且這求丹藥只有他們做得到，一般人也是做不到的。因爲「英雄退路作神仙」，英雄不當了，退休當神仙，也是應該的啊。

這許許多多奇奇怪怪的歷史觀念，也等於是對歷史的評論，對於聖人的懷疑。

所以回過頭來看，治平天下，無一不是陰謀。因此孟子在這裡，也只好救周武王一把，說「**盡信書，則不如無書**」，對於《周書》〈武成〉這一篇所記載的事，有些是過分的，其中只有「**二三策**」是可靠的，其它都不可靠（「**策**」是上古竹簡書本的名稱，與「冊」字通）。像「會于牧野，罔有敵于我師，前徒倒戈，攻于後以北，血流漂杵，一戎衣天下大定」這段話，其中就有問題。因爲一個仁人，自然「**無敵於天下**」，武王當時出兵打紂王，完全是大慈大悲爲了救人救世而戰爭，是「**以至仁伐至不仁**」的，怎麼會流血成河，把木杵都漂起來呢？

其實一次戰爭打下來，流這許多血，也是平常的事，而孟老夫子說，不會有這樣的事，是〈武成〉這篇書太誇張的描寫。我們只好說，孟老夫子這位聖人，也算是用心良苦了。

由孟子「**吾於〈武成〉，取二三策而已矣**」這句話，使我們想起近代史上的一件事，可以說明這個道理。

當太平天國之役，曾國藩、曾國荃練兵爲清廷出力，作戰九年。曾國荃攻下太平天國的首都南京以後，曾國藩的好友故舊王闓運（湘綺），回到湖南家鄉，寫了一部《湘軍志》。這部書裡面記載的，有許多是使曾國藩兄弟頗爲難堪的事，而這些事，也並不是虛構的。例如其中有一條說，曾國荃回到湖南以後，有一個人生病，藥方裡需要幾錢人參，可是跑遍了偌大一個長沙省城都買不到，打聽一下缺貨的原因，原來是曾國荃的府中需用，一夜之間，把整個長沙城的人參都全部收購去了。那種富貴鼎盛時候的氣象，各種各樣的事情都會出來。王闓運雖然與曾家是友好故舊，仍然將這一類事，用中國史家的精神，毫不客氣的一股腦兒寫了進去。所以曾國藩寫給他弟弟的信中，有一首詩說：

左列鐘銘右謗書　人間隨處有乘除
低頭一拜屠羊說　萬事浮雲過太虛

勸他弟弟不要計較，實際上也不敢計較，歷史家這枝筆，是無法抗拒的。所以要想做大事，在歷史上標榜一個正義之聲，也是可尊敬的。

# 且看剃頭者 人亦剃其頭

孟子曰：「有人曰：『我善為陳，我善為戰。』大罪也。國君好仁，天下無敵焉。南面而征，北狄怨；東面而征，西夷怨；曰：『奚為後我？』武王之伐殷也，革車三百兩，虎賁三千人，王曰：『無畏，寧爾也，非敵百姓也。』若崩厥角稽首。征之為言正也，各欲正己也，焉用戰？」

因爲談到軍事哲學的問題，可能有人問孟子：假使有人，認爲自己擅長於軍事——這是指春秋戰國時人，如孟子之前的孫武，他曾寫《孫子兵法》十三篇。對這種自認爲只要依照我的意見，就可一戰而稱霸的人，孟子都反對，認爲都是大罪人。他站在聖人之道的立場看戰爭，認爲那是悲慘的，要死人的。如果一個國君好仁，自然天下無敵，何必以戰爭取勝呢？

假如有人根據孟子這一思想，把春秋戰國三四百年間，好講軍事理論，好發動戰爭的人，作一個總評，一定是非常有道理的。如白起在一夜之間，活埋趙國的俘虜四十萬人，這些事都是歷史所痛恨的。一直到清朝，都常有記載說，發現豬的身上有「白起」或「秦檜」的字樣。中國幾千年文化傳統中，民間老百姓，對於這種殘酷戰爭和忠奸之人的因果報應的傳說和故事，屢見不鮮，這不也正是符合歷史記載的精神嗎！所以用孟子這幾句話，作為對好戰者的總評是對的。

可是站在另一方面看，春秋戰國時代的戰亂，如果沒有秦始皇統一全國的一戰，則全國的戰亂，可能還要延長很多年，死的人會更多，苦難會更久。所以從純軍事哲學的立場看，有戰爭才能使天下太平。現在時代進步了，甚至可以寫一篇歌頌戰爭的文章。

我認為戰爭與不戰爭，很難說該與不該，戰爭猶如一把刀，操在醫生的手裡可以救人，操在奸惡之人的手裡則會殺人。刀刃的本身無善惡，戰爭的本身也未必絕對是罪惡。

但是孟子接著引用上古堯舜的歷史，說他們南征而使北狄怨，東征而使西夷怨。這些夷、狄，都是邊疆地區的落後民族，他們抱怨的是，堯舜爲什麼不早來統治，也就是希望獲得文化的孕育，能過文明的生活。本來由上伐下爲征，爲什麼對他們也叫做征？那是在文化上的一種看法，認爲文化落後的野蠻地區，就算是下。

接著他說「**武王之伐殷**」——注意，這是孟子自己說的話，對於武王革命，孟子沒有用「征」字，只有用「**伐**」字。其實認眞研究起來，這個「**伐**」字用得也很勉強。當時武王用的戰車是三百輛，部隊三千人，而且向老百姓宣佈：大家不要怕，這次戰爭是爲了使天下老百姓得到安寧，不是和老百姓敵對的，只要將暴虐老百姓的紂王處決就好了。因此老百姓們看見武王的部隊到來，高興得跪在地上磕頭，五體投地，額角觸地發出響聲來，這就是「**若崩厥角稽首**」，俗話叫「磕響頭」，是一種至誠恭敬感激之情的自然流露。不過古書上的記載，是一種表現於外的態度，而有人則說，在內心上，他們也許並不是高興得「磕響頭」，而是駭怕得磕頭如搗蒜。當然，這又是另一種說法，事實上，這兩種不同心理的人都有，戰爭本來就是這麼一回事。

孟子又爲軍事哲學下了一個定義：「**征之為言，正也**」，「**征**」就是「**正**」，要治國平天下，必須先誠意、正心、修身，道理是一樣的。就是用武力，逼迫不正的人，非走向正道不可。孟子認爲，戰國當時所有的戰爭，都是爲爭奪而戰，爲爭私利而戰，所以戰爭就是爭戰，不是誅，也不是「**伐**」，更不是「**征**」，如果爲了匡正人家，則不必用戰。

**孟子曰：「梓匠輪輿，能與人規矩，不能使人巧。」**

**孟子曰：「舜之飯糗茹草也，若將終身焉。及其為天子也，被袗衣，鼓琴，二女果，若固有之。」**

孟子說：一個製造車輪的好木匠，在一根木頭上取方取圓，技術很高明，但他教別人時，只能教製造的原理與規矩，沒有辦法使人的頭腦變靈巧。就像現在的學校教育一樣，只能教學生各種知識，至於如何去運用這些知識，以及能不能成為一個大家，則不是老師可以教成的，還是要各人自己努力才行。

他又說：舜當帝王之前，在外面流浪了五十多年，那時，吃的只是糙米乾飯糰和野菜，好像將來就是這樣平凡的生活下去，不怨天，不尤人。晚年當了帝王，「被袗」，就是穿得好了。穿好衣服是自舜開始的，因為有別的國家送了很好的蠶絲來，舜還說不要，他的兩個太太，就是堯的女兒勸他收下，用來織了一件衣服給他穿。舜於是穿上了好的衣服，自己也愛好音樂，經常彈彈琴，又有兩個太太服侍，但他也不覺得自己享受，似乎本來就如此，和平常也沒有什麼兩樣。他窮也窮得，富也富得，他的人生就是如此平靜的生活下去。

這兩方面連在一起，就是說，對於一個人，傳給他知識，沒有辦法使他有智慧。讀了書，應該明白道德的規範，知道怎樣作人，但如果呆板的守道德，就變成書呆子，被書困住了，也很糟糕。所以再說到舜，能貧賤，能富貴，舜的榜樣，就是貧賤不能移，富貴不能淫，永遠顯得平凡。這就是人生的巧妙運用，處什麼環境，站什麼立場，就採取什麼態度。以過去大陸的俗語來說，就是「到了哪一個坡，就唱哪一支歌」。

**孟子曰：「吾今而後知殺人親之重也。殺人之父，人亦殺其父；殺人之兄，人亦殺其兄。然則非自殺之也，一間耳！」**

孟子說：由春秋戰國的歷史果報、社會果報看來，我知道了，凡是殺別人父兄的人，自己的父兄也會被別人殺。所以好殺人，好發動戰爭的，結果等於自殺。

這是孟子早在幾千年以前說的話，後世到了明朝，有人作了一首剃頭詩，因爲民國初年，剃頭才叫做理髮，以前殺頭也叫做剃頭，這首詩很妙。

聞道頭可剃　人人都剃頭
有頭皆可剃　不剃不成頭
剃自由他剃　頭還是我頭
請看剃頭者　人亦剃其頭

這首白話詩，也可以用來說明孟子這段話的眞意。

孟子曰：「古之為關也，將以禦暴；今之為關也，將以為暴。」

孟子曰：「身不行道，不行於妻子；使人不以道，不能行於妻子。」

孟子曰：「周于利者，凶年不能殺；周于德者，邪世不能亂。」

這個思想，不但孟子在這裡說到，更早以前，孔子在《易經繫傳》裡，就已經說過了。

他說，古代在國境邊界上築一道城牆，目的在防禦暴力的侵略；現在不同了，建築軍事工程，設立基地，是爲了攻擊別人的。這是孟子對人類文化、道德墮落的感嘆。

他接著說：人要行仁義道德之道，自己本身如果不能有高度的修養，那麼在家庭中親如夫妻之間，彼此都會有戒心，要防備一手；兄弟姊妹，更是如此。如果自己沒有高度的修養，不以仁義道德處事，不能讓人感動信任或敬佩，在指揮別人的時候，連妻子也指揮不動了。

他又說：人人都想求利，但是個人求利時，如果能讓天下的人也得到利益的話，即使遇到凶年，也沒有關係。因爲平日給別人方便，自己也一定得到他人給的方便。如果更進一步，把道德的思想行爲，擴充到整個社會，遇到變亂動盪的時代，也就不會受害了。

這幾段是討論道德修養與自守的重要，下面就說到社會風氣的變壞，道德的衰敗。

**孟子曰：「好名之人，能讓千乘之國；苟非其人，簞食豆羹見於色。」**

**孟子曰：「不信仁賢，則國空虛；無禮義，則上下亂；無政事，則財用不足。」**

**孟子曰：「不仁而得國者，有之矣；不仁而得天下，未之有也。」**

孟子說，後世有人的心理是好利，有人的心理是好名，爲了好名而作高人。歷史上有好幾個這樣的人，如齊湣王，爲了歷史上能夠寫他公天下，像堯舜，爲了好這個名，盲目的把國家讓給一個最差勁的宰相，好名竟然好到這個程度。結果出了大亂子，幾乎亡國。所以孟子說：好名的人可以「**讓千乘之國**」，可是這種讓國，不是道德的，而是滿足自己好名的欲望，這不像聖君的讓國，是爲了天下人的利益。人都是生活在名利之中的，如果一旦侵害了他名利上的需要，縱然是一碗豆漿，一個糯米飯糰，也會跟人動刀的。

孟子對於人性壞的一面，看得很清楚，所以他作一個結論，提出政治上的大原則。他說：領導一國大政治，首先要相信仁者、賢者；能夠相信「**仁賢**」的人來治國，來指導，國家的文化才能充實，才有正確的思想觀念。否則，國家儘管富強，如果在文化上沒有正確的思想與觀念，則只是一個好看的空殼子。這也就是說，精神生活的重要，超越了物質享受。所以禮義很重要，如果沒有禮義，則天下要大亂。除此之外，還要有眞正好的政策，沒有好的政策，國家的財政就要崩潰。所以正確的思想、良好的文化以及經濟基礎，這三大原則是三個重點。

他最後的結論，仍然指出仁道、仁政的重要，因此說：「**不仁而得國者，有之矣**」，搶來、偷來、騙來，用種種不道德、不正當的手段得來領土、權力、地位的人，在這個時代，有的是。像老一代的人看了《三國演義》說：曹操的天下偷來的，孫權的天下搶來的，劉備的天下哭來的。小說上說劉備借荊州，借了不還，後來孫權派人去討，劉備急了，不知如何應付。諸葛亮告訴他：債主來了你不必說話，只管哭就好了，由我來談判。果然諸葛亮利用劉備的眼淚，把這筆債賴了，劉備由此而起家。這都是「**不仁而得國**」，佔據一個地區稱王、稱霸的情形是有的。至於說以這一類的手段而統一天下，又得到天下老百姓的擁護，卻沒有看到過。

# 民為貴的真義

孟子曰：「民為貴，社稷次之，君為輕。是故，得乎丘民而為天子，得乎天子為諸侯，得乎諸侯為大夫。諸侯危社稷，則變置。犧牲既成，粢盛既潔，祭祀以時；然而旱乾水溢，則變置社稷。」

討論這段之前，我們先清理一下幾個概念。

上古發洪水，共工氏的兒子句龍，讓人民住到高地和土丘上，每丘住二十幾戶人家，這是最早的社。後來句龍被奉爲土神，也叫做社神，也叫做后土。稷呢，有不同的傳說，但都是指主管農業的人被奉爲農神，也叫五穀神，也叫后稷。因此，上古以農業安身的農耕文化中，社是社，稷是稷。

「**社稷**」的概念，是從夏朝家天下以後才有的。一個宗姓家族聚居在一起，慢慢發展，從小的社變成大的社。那麼，一個宗族有族人，有土地，以農業爲主，共同祭天、祭地、祭祖、祭神，就形成了宗廟社稷。因爲宗族社會是以家天下爲基礎，宗法社稷是連在一起的，所以社稷引申爲江山天下，引申爲國家，也是從夏朝家天下開始的。上古堯舜禹三代是公天下，還沒有社稷的概念。

一個朝代有一個朝代的社稷，譬如，唐朝是唐朝的社稷，唐朝皇帝姓李，由他李家做主。宋朝是宋朝的社稷，皇帝姓趙，趙家做主。朝代更替，但各家的宗社還是自己家的，只是由不同的宗社爲社稷的代表，誰上臺成爲天子，代表國家，就以誰家的社稷爲主。中華民國推翻滿清之後，有沒有社稷呢？有，國民黨建立的「忠烈祠」相當於社稷。所以說，人民、社稷、諸侯天子這些君王，都是不同的概念。

中國這方面的文化，大家很少搞清楚。譬如封建是什麼？封建是分封諸侯建立各自的諸侯國，人民擁戴各個諸侯的政權，所有諸侯的中心共主叫做天子。天子代表國家，分封那些有功勞的爲諸侯，到各自的地方去自治，文化精神歸到中央，這個叫封建。諸侯有諸侯的社稷壇，天子的社稷壇則代表全國；天子是代表諸侯共主的文化精神；而諸侯有諸侯的政權範圍，天子有天子的政權範圍。所以，諸侯、天子、社稷、政權，不能混同在一起。

大家先要把這些內涵搞清楚，再來繼續研究孟子的這段內容。

大家都知道，「**民為貴，社稷次之，君為輕**」這句話，這是孟子所提的一個政治哲學上的大原則。

在孫中山領導國民革命，推翻滿清君主制度，倡建民主政體的時候，一般的政論和宣傳文字，經常引用孟子這幾句話，指稱我國古代固有的政治思想，就是民主的。這種說法，當時產生了很大的影響。

其實孟子這幾句話，是中國固有的文化思想，如果一定以西方的民主文化來比擬，說這就是民主，我覺得大有商榷之處。孟子說的「**民為貴**」，並不是「民爲主」，所以應該說，這不是西方的民主，因爲它在精神和形態上，都與西方的民主不同，西方的民主思想是包含在「**民為貴**」的原則裡，但不能因此就說「**民為貴**」等同於西方的民主思想。實際上，孟子這一政治哲學思想，是以民主爲基礎，而以君主制度，爲實施民主精神的政治機構。所以也可以說是一種民本制度，我們只要看孟子在後面所作的解釋，就很清楚了。

國家政府的建立，是屬於全國國民的；民權的執行，是屬於中央政府的。至於中央政府的制度，是帝王，是總統，或其他的名稱，則無嚴格的限制。但必須「**得乎丘民**」，要獲得全國國民內心以及行爲上的擁護。

所以，我們翻開七八十年前鼓吹革命的文章來看，有些人對孟子這幾句話，所作的任意解釋，產生了很大的流弊。在將來，也許不出一百年，中國的文化史、政治史上，對於有關這方面的文化思想，一定會有所爭論的。

孟子的這一政治哲學原則，有三個層次，剛才簡要提出，現在繼續研究：

第一：「**民為貴**」。「**貴**」的意義，在這裡是「重要」，人民是最重要，最基本的；好比是水，水能載舟亦能覆舟，孟子在後面有所解釋。孫中山先生所主張的三民主義思想，便和這個原則，有非常密切的關係。

第二：「**社稷次之**」。「**社稷**」是什麼呢？這是一個抽象的名辭，是國家的象徵。上古堯舜禹是公天下，從夏商周的家天下起，中國古代政治就是君主制度，君權至高。但是在帝王之上，還有一個精神的制約，可以叫做天，也可以叫做道，也可以叫做神，可以叫做祖宗，是宗法社會的中心精神。而所有這些，統稱之爲「**社稷**」。這一個抽象的名辭，也有實物作爲表徵，在北京則有「社稷壇」，人們對這個壇非常重視崇敬，連皇帝都要來跪拜，它代表了國家。

像現在外國的元首來訪問臺灣，就要到圓山忠烈祠獻花敬禮，忠烈祠則代替了過去帝制時代的社稷壇與帝王的宗廟。在帝王時代，外國的元首或使臣來訪，除了晉謁國家的元首外，還要拜宗廟，因爲是家天下。例如宋朝的皇帝姓趙，那麼宋朝的宗廟，則供奉著趙家已故的祖先。「**社稷**」則同樣是象徵性的。換句話，「**社稷**」的觀念是宗法社會精神的民族主義，代表國家的觀念，一個國家之所以成立，有三個條件：人民、土地、政權。政權是虛構的，靠前兩個捧起來的。

再如我們旅居國外，看到自己的國旗，就有無限的崇敬和情感，因為國旗代表了自己的祖國，也代替了古代「**社稷**」的精神。但這也只是勉強的比擬，因為很難用現代事物或名稱，來作完全符合「**社稷**」的解釋。假如說「社稷即國家」，也不符合「**社稷**」的原意，因為國家也不能「**次之**」。抗戰時期，中央政府所在地的陪都重慶，設有精神堡壘，就有相似的含義，但勝利後，又無形中廢除了，且從未訂為制度。所以實在沒有一個現代名辭，可以來解釋社稷的準確含義。

第三：「**君為輕**」。這裡要特別注意這個「**君**」字，並不一定代表中央政府的天子或帝王。在中國文化的古意中，「**君**」就是「長老」，年高德劭可以領導群倫的人，則稱「**君**」。在帝王制度中，帝王為大家長，自然也稱「**君**」。例如稱自己的父親為「家君」，等於現在的家長、戶長等，稱已去世的父親則為「先君」。

大家一定讀過王勃作的〈滕王閣序〉，其中有兩句：「家君作宰，路出名區」，是說我的父親在某地作縣長，我去看他老人家，路過你們這個著名的地方。

王勃寫這篇序時，只有二十幾歲。原來並不打算去南昌的，不料路上遇風，航行不便，才將船改泊南昌避風。靠岸以後，看到江邊新蓋的一座樓閣，嵯峨瑰麗，非常漂亮，就信步前往參觀。進去以後，發現江西的都督，正在大宴賓客。原來這座樓閣，正是這位都督所蓋，剛好這天落成，命名爲滕王閣，所以大宴賓客，並且準備要他的乘龍快婿，席上作序，以便在文武僚屬的面前，出出鋒頭，露一手文才。

王勃在裡面看到滿閣冠帶，都是各地衙門的首長；他出身世家，當然也滿不在乎，看到一個空位就坐下來，卻不料一下就坐在那位都督女婿的席位上。當主人與他的女婿來到時，就有人告訴王勃，坐這個位置的人，是要即席寫序的，本意是希望他知難而退。可是王勃說，寫序就寫序，這有什麼難處。於是提起筆來，就「南昌故郡，洪都新府……」一篇〈滕王閣序〉，一揮而就。在座的文武百僚，讀了這篇序後，無不讚好。這位都督見王勃年紀輕輕，居然一下子寫出這樣好的文章來，心裡也不禁佩服；知道自己的女婿，絕不可能作得更好。而王勃也由此一舉成名。

且不去管王勃的文章好壞，我們隨意舉出這一篇大家都知道的文章中「家君作宰，路出名區」兩句話來，說明「**君**」字的意義。

至於孟子這裡所說「**君為輕**」的「**君**」，是指各國的諸侯。因爲春秋戰國時，各國諸侯也稱「國君」、「君主」，爲一國之君。只是那時的「國」，在政治體制上，還是中央政府天子的臣，是由天子冊封的，仍受天子的管束監督，相近於現代我國的省或美國的州。

# 三個觀念 三個層次

他這三個觀念，有三個層次，認為一個諸侯國家的領袖，是第三等重要，而以老百姓爲最大。一個國家的構成，最重要的是人民與土地，沒有人民、沒有土地，就無從去建立一個國家；光有土地沒有人民，也不行，所以人民最重要。其次是「**社稷**」，就是國家的區域範圍，這是次要的；至於領導的人，則是第三重要。所謂「**輕**」，是與前兩者比較起來，較輕而已，並不是不重要。「**民**」、「**社稷**」、「**君**」，這個順序有邏輯性。所以古文看起來簡單，其實有深刻的邏輯內涵。

於是孟子按照這三個層次，依次序解釋說，「**得乎丘民而為天子**」，獲得山澤丘林間人民的擁戴，即可爲天子。「**丘民**」就是一般從事農林畜牧等業的老百姓，也就是全國人民。其次，一個知識分子讀書人，得到了天子的欣賞，就可由天子封他作諸侯，只要這一個人同意就可成王。正如前面所引唐太宗的話：「待予心肯日，是汝運亨時」。這是家天下的制度，天子就有如此之大的權力。

一個人得到天子的欣賞，就可以爲諸侯；反之不得天子的欣賞，則沒有辦法。例如唐朝，可以說是詩的朝代，不但唐朝歷代皇帝的詩都作得不錯，國內詩作得好的，也很多很多。這些詩人中，有幸有不幸，而他們的幸與不幸，有形無形之間，主觀或客觀上取決於皇帝。像前面所說李白，由於皇帝的高興，寫四首〈清平調〉，可以叫貴妃磨墨，近臣脫靴。而孟浩然，也是因詩名動天子，卻因爲「不才明主棄，多病故人疏」兩句詩，失去唐明皇的歡心，而坎坷一生。唐朝也有一位名士，被宰相推薦到朝廷時，爲了「長日唯消一局棋」這句詩，皇帝認爲他太懶，不能用，幾乎斷送了仕途。這些故事，都足以證明過去帝王政治，「家天下」的時代，「**得乎天子為諸侯**」，只要皇帝高興，封王都容易的眞實情形。

「**得乎諸侯為大夫**」，次一等的，遇不到天子，如果能夠遇到諸侯，或後世的巡撫、御史等，獲得他們的欣賞，則可作他們的清客、祕書等，也可以度過一生。

這三個層次比較起來，最難的，成就最大的，是獲得全國人民的擁戴，則可以爲天子；討一個人的好感，只能得諸侯；再下一等，討長官的好，只能作一個祕書、科長，當夥計。這三個層次，也說明人心向背的重要性。孟子說這些話，正是因爲他看到戰國當時那些諸侯們，對上目無天子；諸侯之間，誰也管不了誰，誰也不理誰；對下面的部屬百姓，生殺與奪，全憑個人的喜怒，並無法制，偶然對誰不悅，就是烹，把所不高興的人，投下油鍋。孟子講這些話，居然不怕被烹，可見他有多大的勇氣，多豐富的正義感。

另一面，也由於孟子的學說和道德的修養，到了晚年，聲望太高了，諸侯中誰也不敢烹他；假如早幾十年，聲望還沒有建立起來時，也可能被烹的。在那個時代，沒有什麼叫做法律，只有權力，權力就是法律，只要有權力說烹誰就烹誰，要剮誰就剮誰，讓誰作官誰就作官，想如何便如何。而孟子處於這樣的時代，敢於說這些話，所以今日配祀在孔廟，的確是有他的理由和價值的。

孟子接著說：「**諸侯危社稷，則變置**」，一個諸侯如果政治行爲、政治道德不夠，使全國不能安定，老百姓吃苦，乃至社稷傾危，有亡國的危險時，那當然會變亂，老百姓要革命了。像今日有些集權國家，人民生活如同處身地獄之中，自然要起革命，處處有反抗事件。這是說領導天下的問題，讀中外歷史，都不能違反這個原則。這是天道，也是人道，一個國家如此，一個機構也是如此。所以大家讀書，看到政治上的事，不要以爲只是政府機關、政治機構的事，因爲個人的作人處事，就是政治的基礎。開公司、設工廠、辦學校，不論從事任何行業，都是在政治原理之中。所以不要向外要求，先要求自己的思想、人格達到君子的修養，再談事業。

他又說：「**犧牲既成，粢盛既潔，祭祀以時；然而旱乾水溢，則變置社稷**」。上古的政治，皇帝還怕天管，也怕閻王，怕社稷壇的神。回到內宮，還怕太上皇和皇太后，見到父母仍然依家法，跪下來稱兒臣。有小說上描述，唐太宗那麼狠的人，生病看到鬼，要叫四位將領爲他夜裡站崗才能入睡。夢裡見到閻王，也害怕得很。也許這位閻王是大政治家，對他還是平起平坐，蠻客氣的，而且閻王也無權審問人間帝王，要送到天上由玉皇大帝開庭，閻王只可以像檢察官一樣，坐在一邊當面對質。這位閻王和唐太宗交際了半天，還以筵席款待，唐太宗發現地獄裡沒有南瓜，拍閻王馬屁，答應送一個南瓜去。他醒來以後，南瓜易找，可無法找到一個腳伕去送，於是下令全國，找一個下陰間送南瓜的人。結果有一個名叫劉全的老百姓，願意擔任這份工作，於是「劉全進瓜」，將一個大南瓜頂在頭上死掉了。據說現在陰間已有了南瓜，那是劉全送下去的南瓜子做的種。

當然這是小說中杜撰好玩的故事，但是透過小說看到背面，就反映出民族的文化思想，知道中國的帝王，在神權的面前，他還是老百姓。神權爲什麼有這麼可怕的威力？在西方文化裡講是上帝統治一切的宗教觀念，在東方和中國那是因果的原故，雖爲帝王，也逃不出因果報應的規律。閻王、玉皇大帝、上帝本身，也一樣逃不出因果的規律。因果並不只是佛教的教理，在佛教未進入中國以前，中國的《易經》，全部都是講因果的道理。佛教進入中國之後，因果之說就更加重了分量，而且更普遍了。所以劉全進瓜以及後來的唐僧取經，這一連串的描述，都是基於因果的觀念所發展出來的。

《孟子》這一段，也是基於這種觀念而來的。如果不懂得這一哲學，就看不出孟子這裡講些什麼，也許會說他是「迷信」祭祀，其實不然。

他說：古代祭祀，做爲祭品的五穀和牲口，如糧食、豬、羊、牛之類，已經準備得完全整齊了。「粢」是用四五月間第一季的新稻米，所煮的飯。現在殯儀館中行祭禮，獻花、獻爵以後就不再獻什麼了，過去至少要獻三次爵，還要獻三牲或五牲。更盛大的還要獻十大碗菜，而茶、飯、羹湯、財帛也是必獻的。在獻飯的時候，讚禮的禮生（現代的司儀）就高唱「獻粢盛」。「**粢盛既潔**」是說祭祀的飯也準備得很潔淨，可是祭拜儘管祭拜，拜了半天，田裡正需水的時候偏偏乾旱，禾苗枯死；正要太陽曬稻穀的時候，偏偏大颱風，接連霪雨，收來的穀子發了芽。證明神不管事了，那就把原來的社稷神請下來，換換位置。由此就看到人權有多大，儘管社稷重於君，而生民——老百姓的生活生命更重要，所以「**民為貴**」。老百姓是最重要的，為了生民，也可以變置社稷。所以講到這一段，一開始我就告訴大家，「**民為貴**」的「**貴**」字，是「重要」的意思，不是說老百姓很「珍貴」，要像珠寶一樣藏到保險箱中，或賣個高價錢。

再從「**變置社稷**」上看，中國的文化，神權超越了人主之權，大家都恭敬祭拜，可是拜了不靈的話，照樣請下來，變更位置。中國人的玉皇大帝，高在三十三天之上，等於西方人的上帝，我們不知道大帝和上帝，有沒有在天上見面打過交道。這位玉皇大帝，是姜太公封神時候封的，本來姓張。最近不知道誰接到三十三天的電報，說玉皇大帝已經換了人，大概是忘了放什麼文曲星、武曲星下凡來管事，或者不小心讓天罡地煞者流到凡塵來搗蛋，把全世界攪得亂糟糟，有虧職守，只好下台，由姓關的關羽接了帝位。所以現在是「玉皇大帝關」，關大帝吃香了。

如果研究中國的宗教，固然不像西方人說的中國無宗教，但也不一定是多神教或一神教，中國可以說是民主的宗教或宗教民主，對哪一個神都好。

耶穌來了，請上坐！釋迦牟尼來了，請上坐！穆罕默德來了，也請上坐！誰來了都好，都請上坐。結果大家「團團坐，吃果果」，五教合一，都好。凡是作好人做好事，都值得恭敬，都值得拜的。如果做了壞事，就使用民權，把你換掉，就再也不拜你了，這是中國文化中宗教的特徵。從這一方面去研究，就知道中國的政治哲學是人道第一。

西方的宗教，上帝永遠是上帝，也講長生不老的，所謂永生，是人死了以後，等到世界末日，這些靈魂都復活了，接受神的審判。但是，人永遠不能作上帝。中國與西方不同，玉皇大帝如果犯錯而墮落，一樣下地獄；人的道德夠了，也可以成佛，也可以作玉皇大帝。如果研究比較宗教，那是一大學問，妙不可言。

孟子這段話是說，神有無上權威，如果道德不夠，一樣要請他下來。菩薩是人造的，人不拜他，他成什麼菩薩！至於說上帝，不去信他，你上你的帝，我下我的帝，也無不可，這是人道的重要。那麼儒家的人道，是以什麼爲中心呢？以「心性德行」爲中心，一個人的心地不好，一切都完了。

回頭再看「**民為貴**」三個字，民就是人，或人們，以人的意志決定一切。意志的進一層，就是「心性德行」決定一切，這是中國固有文化中，一個很深奧的政治哲學思想。我們看下面一段，更可明白這個道理。

# 百世之師——聖人

**孟子曰：「聖人，百世之師也；伯夷、柳下惠是也。故聞伯夷之風者，頑夫廉，懦夫有立志；聞柳下惠之風者，薄夫敦，鄙夫寬。奮乎百世之上，百世之下，聞者莫不興起也。非聖人而能若是乎？而況於親炙之者乎！」**

**孟子曰：「仁也者，人也。合而言之，道也。」**

**孟子曰：「孔子之去魯，曰：『遲遲吾行也！』去父母國之道也。去齊，接淅而行。去他國之道也。」**

孟子這是講人道，也是講人文文化修養的重要。在人文文化方面，成就最大的人，中國人稱之爲聖人，就是「有道之士」。但並不是專指堯、舜、禹、湯、文、武、周公、孔子諸聖人中的某一人。聖人多得很，有道之士都可以稱聖人，也就是道家莊子所稱的眞人。

聖人是千秋萬代的師表，如釋迦牟尼，在宗教的立場他是「教主」。這「教主」一辭，是西方文化的名辭，表示其權威性。不過東方的宗教，沒有這種君權的權威性，所以釋迦牟尼被尊稱爲「本師」，就是師道的意思。他是人天之師，一切眾生的大老師，所以佛教到了中國以後，與重視師道的中國文化，一拍即合。中國文化的「君道」尙在「師道」之下，過去在帝王制度時代，皇帝請大臣教皇太子讀書，皇帝照樣要敬禮老師，然後把皇太子交給老師去教育。老師教皇太子也不簡單，先向皇帝拜一拜，然後坐下來；皇帝或皇太子再向老師拜一拜，然後開始講書。如果這個皇太子學生不對，當老師的仍然可以訓斥的。

宋朝和清朝，都曾經有過這樣的故事。小太子讀書不用功，太傅很嚴厲的訓斥他，而且要處罰。這個小太子回到後宮後，向皇太后哭訴，皇太后聽了不高興說：「算了，不要他教也可以，爲什麼要挨他的罵？這老頭眞討厭」。第二天，太子不到上書房讀書了，這位太傅跑去問皇太后，皇太后說：「反正我家的孩子讀書也作皇帝，不讀書也作皇帝」。這位太傅毫不客氣地說：「皇太后你說的話固然不錯，可是讀書是能作聖君，不讀書是作昏君」。皇太后一聽，趕快說：「對對，太傅說得對，我錯了」，於是仍然把小太子送去上學，聽老師的教誨。這就是師道的尊嚴。

說到師道尊嚴，教師節那天，有一位同學說起，好幾年以來，每逢孔子聖誕——教師節這一天，報章、雜誌、電視，都說要「尊師重道」，可是所談的只是如何尊師，卻沒有說如何「重道」。況且師都尊不了，重的又是什麼道？連什麼是道，都講不出一個所以然來。這位同學所講的這些話，不能說不是事實，也不能說沒有道理。

孟子說聖人是「**百世之師**」，意思就是講人道的精神。他並且舉出例子，所謂古聖先賢，歷史上多得是，所以人要多讀歷史，但並不是現在大學裡讀歷史的態度與方法。現在大學歷史系讀歷史，是用西方教學的方式，所謂「客觀」的習慣，研究某一段歷史經濟對不對，或教育對不對等等，自己已經先有個主觀的觀念去研究，瞎批評，好像自己的學問比歷史還偉大。一個人除非自己已經通古今之變，究天人之際，才能批評歷史。再說什麼叫客觀？人本來就在歷史中，是歷史的一分子，又如何能客觀？所以，讀歷史不是爲了做一個歷史學者，是要懂得歷史，吸取作人做事的經驗，使自己作人做事更圓滿。

孟子這裡舉出伯夷、柳下惠兩個聖人爲例，伯夷薄帝王而不爲，爲了挑起文化的擔子，可以當帝王而不去作；柳下惠也有他獨立的人格與抱負。這兩個人，前面已經多次提到，他們的文化精神，在人品上爲後世樹立了一個作人做事的榜樣。伯夷叔齊兩兄弟，硬是餓死在山中，所以孟子說，伯夷的一生，他這種風氣的影響，可以使「**頑夫廉**」，使那些冥頑不靈、頭腦不清楚的人，變成「**廉**」，就是頭腦清楚，人格昇華絕俗的人。使「**懦夫有立志**」，使那種懦弱的，站不起來、生活散漫怠惰的人，也能夠立志，頂天立地的站起來。

伯夷的風範，是岩岩獨立的，以禪宗的話來說，他是「高高山頂立」；

而柳下惠的風範，則是「深深海底行」。柳下惠一切隨和，但自己人格不受影響，站在師道的立場，開展風氣。所以孟子說他「**不羞污君**」，跟隨任何一個領導人都可以。換言之，伯夷是羅漢道，柳下惠是菩薩道，他可以使「**薄夫**」、「**鄙夫**」，粗淺輕薄的人，文化、教育、思想沒有深度的人，變得寬厚。柳下惠生活在滔滔亂世之中，本身無懈可擊，他高尚的道德，可以感化人，受他影響的「**鄙夫**」，都會變成胸襟寬宏的人。

所謂「**鄙夫**」之「**鄙**」，前天有一位老朋友談起，一位有錢的年輕太太，駕了自用汽車，在街上和摩托車相撞了，雙方互相指責。在爭執激烈的時候，這位年輕的太太，將手一伸，露出她手上戴的大鑽戒，向對方吼道：「你睜開眼睛看看，我有這個身價，還會撞你的車子嗎」。眞不知道她哪裡來的邏輯，人格可以用鑽石來計算嗎？這樣的人就是「**鄙夫**」，鄙俗不堪。財富並不足以表現人格，人格是無價之寶，即使窮到衣食俱無，而有頂天立地精神的人，就值得欽佩，不然就是「**鄙夫**」。「**鄙**」也常與吝字連在一起，所謂鄙吝，心地很窄，度量很小，眼光很短，但受了柳下惠那種風範的影響，心胸也能寬弘開闊起來，從錢眼中退出來，看得見廣大的天地。

孟子舉的這兩個例子，包括四種人：「**頑夫**」、「**懦夫**」、「**薄夫**」、「**鄙夫**」，都是普遍存在於社會中的人；而教育的目的，是使這類人改變過來，也就是學問之道在變化氣質的道理。修行是修正心理行爲，然後就可更進一步，向成爲聖人的路上邁進。所以廉、立志、敦厚、寬弘，也就是聖人之道，人的修養應該如此。

誠意正心，修身養性，本是建立高尚人格最初步的修養，是基礎；初步基礎打好以後，才談得到修行。至於聖人境界，還要在修行以後，經歷很長的一段路程，才能夠達到。例如一般人講「修行」二字，這個行字就是隨時隨地反觀自照，修正自己生理和心理的行爲，行就是功德，大乘菩薩就是走這個路子。

儒家、佛家都要如此，便是「**奮乎百世之上，百世之下，聞者莫不興起也**」。這兩句話，只有世界上的幾位教主們、大聖人們才可以當得起。如孔子、老子、釋迦牟尼都當得起，奮然而頂天立地站起來，前無古人，而且沒有時間、空間的限制，其精神志業，充沛於宇宙，萬古常新。如佛法所說的「無見頂相」，就是「**奮乎百世之上**」的精神，太高太高了，看不到頂，人格就要修養到這樣高。於是，千秋萬代，接受這種文化的洗禮，人格的薰陶，每個人都聞風而起，站起來去學作聖人。

孟子說，如果不是聖人，能夠做得到這個境界嗎？那些受了聖人教化影響的人，百年以後，人人都能奮發向上。「**而況於親炙之者乎**」，何況曾經親自受聖人的薰陶、教育的人呢。孟子這句話很妙，似乎隱約間是指他自己。孟子雖然沒有「**親炙**」過孔子，可也是子思的學生，等於是再傳的弟子。

孟子「**而況於親炙之者乎**」這句話，連著上文看，就是說，在聖人風範的影響之下，遠在百世以後的人，尚且沒有不站起來的；更何況親自受過這種教育的人，一定有他獨立不移的超越人格，可以站起來。

因此，他爲聖人之道的「**仁**」下定義說：「**仁也者，人也。合而言之，道也**」。

什麼是仁？從孔子的學生開始，大家找了半天，後世的人，大都根據韓愈「博愛之謂仁」那句話，以爲仁就是博愛，這是誤解。韓愈是研究墨子的專家，墨子主張「兼愛」，所以韓愈襲用墨子「兼愛」變成「博愛之謂仁」，其實這並不是孔子的本意。孟子這裡解釋得很清楚，仁道就是人道，合而言之就是道。人道以心爲中心，孟子本篇「盡心」就是道，就是佛家說的明心見性，這就是道。盡其心，就是道，仁就是這個道。

所謂道，也就是行，仁道就是仁見諸行爲。於是孟子說到孔子的行爲：**「孔子之去魯，曰：『遲遲吾行也！』去父母國之道也。去齊，接淅而行。去他國之道也」**。孔子去周遊列國，要離開父母之國，是不得已，當然很難，天天說要走，卻遲遲的沒有走，拖延了很久才走成。因爲對自己的國家，自己的文化風尙，有無限的感情，人的感情自然是如此。但是孔子離開齊國時，是離開別人的國家，一不對就即刻走，甚至米洗好要煮飯了，不但不等到吃了飯走，甚至撈起了洗濕的米就走，不做片刻逗留，這是離開他國之道。在人家的國土上，合則留，不合則去，這種精神是應該崇敬和效法的。尤其現代青年，出國的時候，如果對自己文化有了深刻的了解，碰到於國家民族有關的問題，乃至人家的政策有不合理處，就要秉持此一精神。所以無論如何，還是自己祖宗之國、父母之邦好，不能忘記。

這一段話前面已經講過，現在又放在這裡，一則是孟子將要離開齊國了；其次也是告訴我們聖人的風範，對自己祖宗之國、父母之邦的崇高情感，可示範於天下後人。於是他再說孔子的一段故事。

**孟子曰：「君子之戹於陳、蔡之間，無上下之交也。」**

他說，孔子當年離開衛國以後，在陳蔡之間，帶了一批學生，幾天沒有飯吃，外面還有一些人包圍，要打算殺他。孔子這時又窮又危險，可是他還在那裡彈琴。這時子路受不了啦，跑去問孔子說，聖人也會餓飯嗎？孔子告訴他「君子固窮，小人窮斯濫矣」，開導他一番。這裡孟子說，孔子周遊列國，都受到尊敬，爲什麼在陳蔡這個三不管的地帶，會遭遇這種困難呢？因爲在這兩國政府的上層，孔子沒有朋友；在這兩國的社會中，孔子也沒有朋友。

孟子的「**無上下之交**」這句話，說明兩種事，一是作人之道，人處身社會之中，要交朋友，沒有朋友，孤立無援不行。孟子要離開齊國時，也有這樣處境，非走不可。第二，欲行其道，要上下都有交往才行，這就是外務的重要。一個人成功一件事業，對於上下左右建立關係相當重要。

青年人要知道，一生的處境必須要有「**上下之交**」。但如何交？交朋友有道，這在《四書》裡說得很多，要建立自己的人格，了解友道的精神，才可以做事業。

# 誰人背後無人說

貉稽曰：「稽大不理於口。」

孟子曰：「無傷也，士憎茲多口。《詩》云：『憂心悄悄，慍于群小。』孔子也。『肆不殄厥慍，亦不隕厥問。』文王也。」

孟子曰：「賢者以其昭昭，使人昭昭；今以其昏昏，使人昭昭。」

貉稽對孟子說，「稽大不理於口」，這個「理」字，古人認爲是「賴」字，好像現在的青年人，常說：某事不「賴」，這個「賴」字，也許是從這句話來的，在我們的語言文化中，已經有幾千年歷史，後來可能在唐朝宋朝，被人改做「理」字。貉稽是齊國人，人品很好，官也做得很好，只是攻訐他的人太多了。

孟子說：沒有關係，「**士憎茲多口**」，「**憎**」就是憎恨，但古人考據，古書上是「**增**」字，後來也是在唐宋之間，有人覺得增字很難解釋，改成「**憎**」字，而意思也就是「**憎**」。這句話是說，一個讀書人在社會上，沒有不被批評的。作爲一個人，不要怕人批評，一般惹人厭的是一張嘴，吃飽飯專門挑人家的是非。中國人講修養，在兒童課外讀物中，有一本《昔時賢文》，這本書把許多詩句、格言編成韻文讀本，其中就有兩句說：「誰人背後無人說，哪個人前不說人」。人與人相遇，一定說到第三人，說到別人對或不對，這就有是非了。只有兩個人沒有人背後批評，一個是已經死了的無名古人，一個是還沒有生出來的人。孟子回答貉稽的話，雖不是如此說，但含有這個意思。也等於說，你做你的官，你自有你的人格，社會上的是非隨時都有。古人說：「是非終日有，不聽自然無」，你不要去理它，自然就沒有了。

孟子進一步再解釋說，孔子晚年「**憂心悄悄，慍于群小**」，也有一些對他不滿的人，幾千年來都有人罵孔子，直到前幾年，毛澤東還大力提倡批孔揚秦。孔子當年周遊列國，並不像我們現在出國觀光這樣舒服，他到每一個國家，都被那裡的小人罵。孔子一輩子都遭小人的嫉妒，倒楣透頂，只是比耶穌好命，因爲耶穌還被釘死在十字架上。當然，最高明的，還是釋迦牟尼佛，兩手一攤開，人家就跪下來。孔子當時的情況，就好比《詩經・邶風・柏舟》所詠嘆的：「**憂心悄悄**」，心裡擔憂天下國家事，但這種憂慮，只能悄悄擺在心裡，講不出來，沒有辦法可對人坦言。不但如此，並且還經常碰到一般的小人反對他，從各種角度來批評他，這就是「**慍于群小**」。

前人有兩句感嘆人生的名言說：「人歷長途倦老眼，事多失意怕深談」，一個人幾十年生活下來，的確是一個長途，作人做事的經歷，在人生這條路上看多了，也走怕了。過去的事，多半是失意的，朋友談起，也不願深談，因爲越談越煩越痛苦。這兩句詩深刻得很，是用幾十年人生經驗寫出來的，也就是孔子當年「**憂心悄悄，慍于群小**」的況味。一個人對國家天下大事，雖然看清楚了，可是卻無法講，又能向誰講，向誰建議進言呢？孔子尙且遭遇如此，你貉稽受人攻訐，又有什麼稀奇？又有什麼可怕？

還有《詩經・大雅》篇說的：「**肆不殄厥慍，亦不隕厥問**」。這是文王的遭遇，當年文王興起的時候，那些邊疆的民族，對他這樣一個了不起的聖人，道德又非常好的人，仍不滿意，不過不敢動，只有在心裡反感。可是文王也不以爲意，這些人雖然不滿意，還是要來聽他的教化，而文王照樣的教育他們，這就是文王。

這些就說明了人生在世，受批評沒有什麼不得了；如果對人家的批評過分認眞，那一天也活不下去。但是要注意批評，「有則改之」，如果人家的批評是對的，就要改過來；「無則加勉」，自己如果沒有錯誤，就勉勵自己，不要去犯這個錯誤就好了。

這一段是孟子答覆別人，談人生修養的話。青年人聽了會有小感觸，可能不會有大感想，要等年紀大了，才會知道「謗隨名高」的道理。一個人名氣越大，被罵的機會越多，罵你的人也越多。有些人爲了想出鋒頭，專挑有名氣的人橫加攻訐。這時候，有名氣的人，一定要學會容忍，否則回他一句，他就達到了目的，到處宣揚「某某人和我辯論，如何如何……」。這是一種很鄙俗卑下的手段。

但既然聽到了反面的誹謗，也不要掉以輕心，要反省自己，嚴格檢查，在自己的心理、行爲、道德上如有過錯，立刻要改，因爲別人的話，有時並不一定是訕謗。假使自己問心無愧，仰不愧於天，俯不怍於人，則心不負人，面無慚色，聽到了謗言，也沒有關係，只要學佛家的「忍辱」就是了。

永嘉大師的〈證道歌〉說：「從他謗，任他誹，把火燒天徒自疲，我聞恰似飲甘露，銷融頓入不思議」，人就要做到這樣。一個人的名位高了，所受到的反對與攻擊會更激烈。後世所崇敬的聖人，在當時的遭遇卻是非常痛苦的。從歷史上我們得了一個教訓，要想作聖人，一定要從極痛苦中站起來，問題在於受不受得了這種痛苦。

一個知識分子，作人、做事、作官，基本上都要有這樣的修養，受得起批評，痛切反省，修正自己，這是儒家，也就是佛家，也就是修道。不要以爲打坐做工夫才是修道，打坐有工夫的人，如果給他兩個耳光，罵他一頓，看他的工夫還有沒有？本來打坐清淨爲「梵行」，這時他就變成了「梵行」，一下子把他自己所有的工夫都燒光了。這是由於受刺激之故，還不算數；如果好話來了，恭維的來了，那比打兩個耳光還厲害，那可會把你深深的活埋了。所以不要怕批評，更可怕的是「恭維」，接受恭維，就是心中想超人一等。說得好聽是自尊心，實際上就是我慢，是「我相」的一種表現，所以這一面都要注意到，才是修行。

孟子作結論說：「**賢者**」，高明的人，就是佛家開悟的人。「**昭昭**」是自己明明白白，使他人也明白，也就是自覺覺他。而現在的人，自己還是「**昏昏**」的，還去教人跟著他的樣子去開悟，以此「誤」而教人「悟」，那可能嗎？被教的人也誤以爲誤即是悟，那眞是誤上加誤了。

在幾千年前孟子的時代，人們就是如此，幾千年後的今天，人們仍是如此。所以我說，不論古今中外，人類就只是這樣一種生態，沒有高明到哪去，時代也沒有什麼大的改變。

這種「**今以其昏昏，使人昭昭**」的典型，在《西遊記》裡有，就是孫悟空的結拜哥哥，外號牛魔王的。孫悟空是代表心，有一個糊塗的、動感情的心，就是他哥哥牛魔王，自己「**昏昏**」而想「**使人昭昭**」；再加上牛魔王的太太鐵扇公主，拿了一把大芭蕉扇，在旁邊一扇火——慾火，這個世界，當然非亂不可了。

# 路是走出來的

孟子謂高子曰：「山徑之蹊間，介然用之而成路；為間不用，則茅塞之矣。今茅塞子之心矣。」

高子曰：「禹之聲，尚文王之聲。」

孟子曰：「何以言之？」

曰：「以追蠡。」

曰：「是奚足哉！城門之軌，兩馬之力與？」

這是很有趣的對話，也是關於心的應用的重要問題。

孟子對高子說：「山徑之蹊間」，那些山上只堪容腳的小路，最初是一個人，爲了割草或者砍柴，在一個本來無路的荒山上，慢慢選擇好下腳、更近便的地方走過去；第二個人也跟著他的腳跡走，然後慢慢其他的人也跟著走，於是就走出一條小路來了。我們在抗戰時期，大家投奔大後方，避開日本人的封鎖線，越嶺翻山時，前面沒有路了，就自己找路；找不到路時，就看清楚方向，這樣一個人一個人走過去，終於走出一條路來。所以當時流行一句話：「路是人走出來的」，後來更將這句話，擴大應用到生活上、工作上、事業上。每當遇到困難，乃至走投無路的時候，就用這句話來鼓勵自己或別人，要勇往直前，克服難關。這就是「**介然用之而成路**」。

可是，這條路，只要間隔一些時候沒人去走，就又長出茅草把路埋住，連看也看不見了。孟子對高子說：現在你既未明心，又未見性，就因爲你心裡長了一堆茅草，思想被茅草塞住，沒有出路。

莊子跟人辯論，也說過這樣一句話：「夫子猶有蓬之心也夫」。古代說聖人心有九竅，非常靈通。普通人只有七竅，更愚痴的人連七竅也不靈通，像是被茅草塞住了。後世罵人不通世事爲「草包」或「不開竅」，就是從孟子、莊子這些典故來的。由於聽了別人的一番話而懂了這樁事，每每說：「茅塞頓開」，這句話，也是從《孟子》這裡脫胎而來的，表示接受了你的教導，塞在我心裡的一堆茅草，一下子就消失了，此心豁然開朗，靈通起來了。

孟子在這裡是說，心是要用的，心不用就會塞住；近人曾國藩也說，頭腦越用越靈光，不用就閉塞了。很多人學佛、學打坐，拚命「除妄念」，學到後來，不去用心，心都不想動了。不但做不到不動心，坐在那裡內在妄念，意識心動得更厲害，比在運動場上還辛苦，剛按下這個念頭，又上來那一個念頭，這個下，那個上，七上八下，上上下下，最後神經都煩亂了，這是心中在開「水上按葫蘆」的運動會。現在一般學心性修養的，先求「不起妄念」，以爲沒有思想就是禪，那糟糕得很，不但不是禪，連蟬都學不成。

照佛法而言，如果修到一個念頭也不起來，是大昏沉、大無明，所得的果報，相同於畜生道。畜生道的代表就是豬，一天到晚吃飽了沒有事，昏昏迷迷的。實際上這是冤枉了豬，據生物學家研究，豬絕頂聰明，而且最愛乾淨，因爲他看到髒的地方，就用嘴去擦乾淨。在我們古代也有類似說法，

《西遊記》裡說，唐僧取經，走到一條稀柿衕，幾百里地，又髒又臭，通不過。唐僧找孫悟空也沒有辦法，就找豬八戒，豬八戒要求飽餐一頓以後，搖身一變，恢復豬的原形，終於把這條路搞通了。

這個故事，包含了很多意義，也有修道工夫的道理。修道的人，消化不良，腸胃不清，因此會造成上面打嗝，下面放屁的情況，就相當於豬八戒在打通這條稀柿衕。人的腸胃要完全清理通暢，氣脈才能夠打通。另一方面，這部小說是明朝人寫的，我們從而知道，中國古代的人，早已經認為豬是愛乾淨的。

禪宗教我們修的八正道，其中就有「正思」，禪宗的「參」就是正思惟——正思，如止觀，定中起觀，就是正思惟，所以不用心不行。許多人盤起腿，以為心裡一點意識的清靜就是道，如果這樣下去不用心，就是「**茅塞子之心矣**」，心就不起作用，不能用了。

所以儒家的道理，和佛家的大乘道，以及佛家的戒律，都是一樣的，先在行為上注意，就是在智慧上著手。如果向修養的路上走，而沒有得到禪定的話，就要改爲用心正思惟。

有一本明朝人寫的《笑禪錄》，這本書並不是攻訐或譏笑學禪的人，而是敘說一些學禪的人，走錯了路，修得不正確的一些笑話。其中有一則故事說，一位齋公學禪打坐，一次坐到五更天，忽然想到某人某天借了一斗大麥未還，於是叫醒老婆說，打坐眞好，否則大麥就被騙去了。

《笑禪錄》上還有一則笑話，說有一個和尚出去化緣，到了天黑，還沒有找到廟宇掛單。那鄉下僅有一幢獨立房屋，他只好去敲門請求借宿。應門的是一個女人，和尚說明來意，這位婦人說：「我家裡沒有人」，和尚說：「有你」，意思是你不是人嗎。婦人又說：「我家裡沒有男人」，和尚說：「有我」，意思是我不是男人嗎。

這兩個笑話，固然令人發噱，但在笑後再思考一下，是含有深意的。簡單的說，這樣就是人，人還只是人。深一層的道理，就是講學禪的用心，沒有達到禪定的境界，沒有達到「悟」的境界，光是用心去做，也就會變成《笑禪錄》中的情形，也是不正確的。

接著高子又請教孟子一個問題。

我國上古時代，音樂最發達，水準最高，那是舜的時代，當時非常注重音樂。後來舜傳位給禹，禹也很注重音樂。到了後世的音樂，一代不如一代了。所以孔子很感嘆，他在齊國時，聽到了舜時的韶樂，三個月內，忘了肉味的鮮美。他推崇說：「不圖爲樂之至於斯也」。孟子晚孔子百餘年，距離文王已是六七百年了。

高子問孟子說：「**禹之聲，尚文王之聲**」，據我研究傳統文化的歷史，禹王時代的音樂，可能非常非常發達，比周文王時代更重視，也更發達。

孟子說：你這句話，是根據什麼來說的？高子說：「**以追蠡**」，以他的考據，發現一件禹王時代的樂器「**蠡**」，就是鐘紐，懸掛那個鐘頂的紐子，因爲敲鐘時，鐘紐搖擺太多，而磨損得只剩了一點點，可見當時天天都在演奏音樂。

孟子說：「**是奚足哉！城門之軌，兩馬之力與**」，你這樣研究，提出來的理由並不充分。你看那城門口的車道，難道是兩匹馬拖的馬車，所輾出這樣深的車道嗎？這是經過長時間，經過許多馬車的輾壓，才能形成這樣深的車道。這就是說，大禹時代的那口鐘，鐘紐所以會磨損到那個程度，也正像城門口的車軌一樣，是經過了很長的時間，多人的敲打，無數次的搖擺，才形成的，並不是短時間內敲擊而成的。

這裡爲什麼插上這一段討論樂器和車軌的事呢？好像毫不相干。我們可不能照宋儒那樣圈斷了去看，現在連著上文看，就很明白。

上面說心不能不用，這一段，也正是說用心之道。一個人的學問，不用心去研究，是不會有成就的。今天剛學，明天就想會，是做不到的。尤其學佛打坐的人，每天盤了幾個小時的腿，守心一處，而不作正思惟，等於自己拿茅草塞住心，然後又想開悟，可能嗎？這就是「**城門之軌，兩馬之力與**」，不是短時間的功夫所能造成的。

# 馮婦的遭遇

齊饑，陳臻曰：「國人皆以夫子將復為發棠，殆不可復？」

孟子曰：「是為馮婦也。晉人有馮婦者，善搏虎；卒為善士。則之野，有眾逐虎，虎負嵎，莫之敢攖。望見馮婦，趨而迎之。馮婦攘臂下車，眾皆悅之。其為士者笑之。」

這裡先要解決文字上的幾個問題：第一、「馮婦」是個人名，今人乃至有些古人，往往解釋爲一個姓馮的婦人，而「重作馮婦」這句成語，有人解釋爲「姓馮的婦人再嫁」。這種解釋是誤解的笑話了，因爲馮婦是一個男子的姓名，他姓馮名婦，在古代常有人以「婦」字命名的。第二、「卒爲善，士則之野」，這樣的斷句是有問題的，古人的斷句是「**卒為善士。則之野**」。第三、「眾皆悅之。其爲，士者笑之」，這樣斷句也有問題，古人的句讀是「**眾皆悦之。其為士者笑之**」，這兩處古今標點不同。我的意見認爲今人錯了，最初以爲是我的「專利」，不久前讀到明朝人的一本書，裡面的看法和我的一樣。從這點看，一個人不可以輕視天下的人和事，前人也有過同樣的主張，由此也證明應該多讀書。

齊國有一年發生大饑荒，老百姓有餓死的。當時孟子在齊國爲客卿，齊宣王還會聽聽孟子的話，所以孟子看到這種情形，認爲如果繼續下去的話，將會不得了。於是勸齊宣王，把「**棠**」這個地方的國家倉庫打開，放糧救饑度荒年。因孟子的一句話，救活了齊國無數的老百姓。

後來大概孟子要離開齊國的時候，齊國又遭大饑荒，孟子的學生陳臻對老師說：我們齊國的老百姓，心裡都在想，孟老夫子還在我們齊國，或者會再勸齊王開倉救災吧！不過，你現在只是齊國的客人，恐怕不願意再說話了吧！

孟子說：「**是為馮婦也**」，假使我再去說，那就同「**馮婦**」一樣了。晉國有一個名叫「馮婦」的人，「**善搏虎**」，很會打老虎。馮婦也像歷史上晉朝有名的周處一樣，最後洗手不幹了。馮婦與幾個弱不禁風的人，到野外去郊遊，遇到一大批人，追逐一隻老虎。這隻老虎，最後跑到一個山角裡，就是現代戰術上所稱的死角，採取「**負嵎**」抵抗的形勢。所有追逐的人，都不敢逼近去捉。這時突然看到已經改過遷善的馮婦，和幾個讀書人來了，就趕上去歡迎。「**馮婦攘臂下車**」，馮婦一看到老虎，又有這麼多人前來歡迎他去打虎，於是手臂一張，下車打老虎去了，大家都鼓掌歡呼。

可是他的這個行爲，後來被一般人知道了，都笑他的習氣還是不改，等於一個愛打牌的人，宣佈戒賭以後，又偷偷去打牌，被人家訕笑一樣。

孟子講這個馮婦的故事，就是對陳臻說：我再也不會做這個傻事了，我不會像馮婦那樣。

看來，孟子這樣的做法，似乎有問題，讓人很難理解。陳臻說大家餓得快要死了，你去跟齊王講一句話，也許有效。但是孟子知道，這時的齊王，不會再聽他的勸告了，如果他再伸手出去，也許這「老虎」要咬他一口，現在的「**馮婦**」已經老矣，不能再做了。

從這件事情，可以看到孟子處世的許多道理，第一個道理，一個人說話，要看時間、空間。孟子深知道「時」（時間）與「位」（立場）的重要。就像法家韓非子的文章〈說難〉，具有兩個意義，一是說話很難，孔子說過，不該說的時候而說是失言，該說的時候不說就會失人；另一意義是「質難」，就是質問很不容易，也就是問難的意思。

第二個道理：馮婦這個人，雖然好勇鬥狠，但有俠義精神。就好像司馬遷寫《史記》，特別寫了〈遊俠列傳〉中的人一樣。不過要注意，遊俠和刺客不可以混爲一談，司馬遷也寫了〈刺客列傳〉。遊俠是雲遊四海，好俠仗義型的人物，有他的精神；刺客是專事行刺的人物，刺客有他的動機。若干武俠小說，將遊俠與刺客混爲一談，這是錯誤的。遊俠精神，是中華民族特有的，並不壞，而是「路見不平，拔刀相助，見義勇爲」的。這種精神，在中華民族社會，是被大家喜愛、崇拜、尊敬的。但是，只喜歡別人有這種精神，而自己則躲避，不去做這種事情。這是人性的一個弱點，值得研究。

再看馮婦，原來是個俠客，剛才說了俠客並不壞，但俠得太過份，則成爲好勇鬥狠了。所以韓非子以法家的精神看他們，就覺得俠客這種人物很難辦。他認爲：「俠以武犯禁」，社會上拳頭硬，力氣大的人，腦子裡根本沒有法令，自認我的拳頭就是法令，我力氣大你就得聽我的，所以武人犯法的就多，就很難辦。對於儒家，讀書人，韓非子也認爲很難辦，所以韓非子同時說：「儒以文亂法」，知識分子，書讀得太多了，腦子靈活得很，一條法令到了讀書人的面前，用自己的一套理解來辯論解釋，他都有理，所以也很難辦。在韓非子的心目中，「俠」與「儒」都是一樣的難辦，是推行法治的最大障礙，都要排除掉。

當然，這個「儒」不是指學孔孟之道的儒，而是指一般過分愛好思辯的讀書人，所以秦始皇就把這樣一批人坑了。開始的時候，秦始皇對這批人也很好，還封他們「博士」的官位，近於滿清時代的翰林院位子。後來秦始皇有事情向他們諮詢，問他們的意見，或者要他們提建議，他們當面唯唯諾諾，背地裡又瞎批評，「腹非」——肚子裡反對，陽奉陰違。還有「處士橫議」，這批人不走直路，不說正話，遇到事情，雞蛋裡挑骨頭，橫行霸道。所以秦始皇一氣之下，把他們統統活埋了。但也只是活埋了這批「腹非」、「橫議」的人，並不是把所有的讀書人都活埋。

在這個故事裡，說到馮婦「**卒為善士**」，是他像周處除三害一樣，改好了，或者去讀書了。而那些弱不禁風的書生們，看見老虎，束手無策，他們又對國家社會有什麼用處？所以這個故事，也說到正反兩面的道理。因爲後來說到馮婦，看見這些同學對老虎怕成那個樣子，至少心裡在嘀咕：「你們這批窩囊廢」，一定走過去說：「老虎有什麼了不起，大貓一隻而已，不要慌嘛！等它張開口，伸手抓它的舌頭一扭，它也咬不下了，這有什麼難」，這就是眞勇。馮婦這樣救人的俠義行爲，卻被一些讀書人笑他舊習未改，依然好事。這就是前面說的「處士橫議」，你做了壞事，他要譏笑；你做了好事，他也要譏笑，就是喜歡批評別人的那些讀書人。

前面孟子說的「**士憎茲多口**」，知識分子的是非特別多，不合他意的這一面，他批評；合他意的那一面，他不說。你對人好了，他說不可以，不分是非黑白；如對人不好，他又說你不慈悲。反正都是他對，書讀多了，歪理有千條，說不過他。碰到這樣的情形，只有「拳頭大」來對付，打落他的門牙，不跟他講理由，他也就講不出歪理來了。

我這樣解釋《孟子》，連古人的句讀也推翻了，似乎「膽大妄爲」，但事實上，書要這樣讀，從正反兩面，上下各方，各個角度去推敲研究才對，道理自然就會通了。

孟子說的「**其為士者笑之**」，也有責備齊國那些「橫議之士」的含義，說他們的批評是不對的，這也就知道孟子快要離開齊國了，因爲齊國可能有很多人在批評他。

由這個馮婦的故事，我們引用清朝末年幾個文學家的詩，來作一番解釋，可見對於讀書人的看法，雖隔數千年，仍有相同之處。

（一）李星沅的對酒詩：

眼前睥睨傲群公　昨夢驚看海日紅
世事登場原傀儡　書生放步即英雄
蛟龍卷甲藏霖雨　雕鶚梳翎待朔風
畢竟唐衢非俊物　向人垂涕哭途窮

孟子所謂「馮婦」的故事，也等於詩中「世事登場原傀儡，書生放步即英雄」兩句所說；一部《二十四史》，也不過是一部二十四幕的腳本而已。孟子表示不願再來演這齣戲，當這個主角。而「書生放步即英雄」則是馮婦的寫照，人有時候要作書生，但有時要作英雄。知識分子讀多了書，就沒有勇氣，如果有豐富的知識，勇氣又壯，毅力又強，那就是「書生放步即英雄」了。古人還有一句詩「英雄退步作神仙」，是說英雄退休以後，可以去修身養性了。

（二）孟子講馮婦的故事，也是說每一國家、每一政權，眞正關心國家安危、老百姓福祉的，究竟有多少人？這是第二首詩的感嘆。這首詩是清末光緒年間，李鴻章與蘇俄辦交涉失敗的時代背景，題名〈憤言〉。共有八首，寫得非常好，作者只署名「癡人」，眞實姓名已經難以查考。其中有一首說：

儘多優孟襲元冠　不少遺賢詠考槃
萬里行師籌餉急　十年樹木嘆才難
誰能國事如家事　莫便偷安作治安
夜半雞聲眞不惡　隔窗燈逼劍光寒

誰能夠把國事當家事一樣去辦？那才是對國家民族的精忠，我們可不要把苟且偷安，當成了天下太平那樣。詩中「誰能國事如家事，莫便偷安作治安」，可以說是道盡了當時的國情，也道出了歷史上的許多辛酸。

（三）馮婦的故事，還可引出一首詩來。這首詩是光緒以後，一位名儒吳瀚濤寫的。他的學問也很好，是中外聞名的留學生，比辜鴻銘還早。當時他正在華盛頓，對北京光緒皇帝被逼瀛臺的一事寫了八首詩，其中有一首：

歸來久分閉柴關　風捲閒雲又出山
得意要須及年少　撫心詎肯避時艱
英雄肝膽千秋壯　兒女情懷一例刪
滄海無情天地窄　馳驅容易誤朱顏

像馮婦再出來打虎，爲了救大眾，死在虎口也不怕的那種精神，就是「英雄肝膽千秋壯」。在這個時候「兒女情懷一例刪」，心裡不會軟綿綿的談情說愛，春花秋月，都一劍揮斷，統統拋棄了。這也就是上面一句「撫心詎肯避時艱」的精神。撫心自問，遇到國家民族艱難的時候，決不退避，寧可再作馮婦，就決定站出來了。

《孟子》馮婦這一段，放在人要用心一段的後面，是有非常深刻含義的。

# 窮理盡性以至於命

孟子曰：「口之於味也，目之於色也，耳之於聲也，鼻之於臭也，四肢之於安佚也，性也，有命焉；君子不謂性也。仁之於父子也，義之於君臣也，禮之於賓主也，智之於賢者也，聖人之於天道也，命也，有性焉；君子不謂命也。」

這裡開始，轉到內在修養的道理。

首先的一段，是說人之常情：人的嘴巴、舌頭辨味，要吃好的食物，眼睛要看美的東西，耳朵要聽美妙的聲音，鼻子愛嗅好聞的氣味，四肢肉體愛安逸，懶於勞動，這是人的天性。其實人的一生，活了六十年，就有三十年躺在床上；再加上幼小時整天躺在床上一、二年；老年時期，如果健康欠佳，還很可能躺上十幾年。所以，沒有幾年是站著的，四肢是貪圖安逸的。這些都是「**性也**」，天性本來如此；但是其中「**有命**」。在中國「**性**」與「**命**」是分開的，「**命**」就是我們的生命，我們只要活著，就是佛家說的，就有眼、耳、鼻、舌、身、意等這六根本能的作用，這些作用中間就有個「**命**」的功能，這是很大的問題。有些人二三十歲「**命**」的功能就結束了，有些人七八十歲、一百歲才結束。

「**性**」是本體，心物一元，大家同根的；而「**命**」則各有不同。在這六根的作用上，只談「**命**」，而不談「**性**」。以聲、色兩個字來說，幾千年來，不外乎三類東西，吃的、用的、穿的。除了這三類以外，古今中外再沒有其它東西。但六根卻隨時在變化，尤其少年與老年不同，這個作用是「**命**」的功能了。

「**命**」的功能在人衰老時就漸消失了，與健壯時期，完全兩樣。現在有的人說，上一代與下一代有代溝，我認爲沒有什麼代溝問題，幾千年來，年年代代，都是如此，所謂「年年歲歲花相似，歲歲年年人不同」，因爲老年人與年輕人，感受總有不同之處。也有人始終提出一個青少年問題來，認爲代溝是問題之一，其實青少年也沒有問題，唐朝名詩人劉禹錫的詩：「近來年少欺前輩，好染髭鬚學後生」，可見在古代也是如此。現在有許多人白髮染黑，並不新鮮，從前人也是「好染髭鬚學後生」，要跟著年輕人後面走，不要自己落伍，以免形成了代溝。

這就是「**命**」，人的生命，一年一年過去，當然色、聲、香、味、觸的愛好，也就一年不同於一年。所以孟子說：有道之士，在這個上面，不談性理，只談後天的作用。注重後天生理的變化，那就要走道家或密宗的路子，先把這四大之身調整好，留形住世，長生不老，這是「**命**」的事。而悟道，明心見性，則是「**性**」，是形而上的事。

第二段孟子說，仁、義、禮、智、信，這類道德的作用則是「**性**」功，不是命功。所以學問修道，講究修行，如果個性沒有一點改變，而說自己悟了道，頂多是懂了道理，卻沒有用處。性功是要在行爲上，不自知的，自然而然的，表現出與前不同的心性。所以君子在這一方面，不談「**命**」，而講「**性**」，明心見性之後，要見諸於行。所以禪宗的溈山禪師告訴仰山說：「祇貴子眼正，不說子行履」就是講「**性**」，只要在見地、見解上清楚，依此修道，就是修性。

後人解釋這兩句話，說禪宗的行爲，可以吊兒郎當，只要有見地就行，這是曲解。實際上，如果眞正有了正見，明心見性以後，心理自然會有所改變，行爲（行履）也自然會變。假使行爲習氣沒有好轉，就足證見地不清，所以才沒有進步。命功是由「修爲」來的，所以佛家要修戒定慧，離不開四禪八定；性功不走修定的路子，而要「般若」成就、「識見」透澈。

所以中國後來的道家，主張性命雙修，只修性不修命就沒有定功，要定功修到氣脈都起了變化才行；但只是氣脈起了變化，乃至做到出陰神、出陽神，如果心性的法門不通，也不行，也還屬於「心外求法」的外道。所以修「**命**」到了可以出陰神、出陽神的地步，要趕快轉向，把形而上的「**性**」理參透。

這裡是孟子將「**性**」、「**命**」兩個字提出來，把兩樣併修的道理，說得非常具體而積極。後面說得更爲積極。

**浩生不害問曰：「樂正子，何人也？」**

**孟子曰：「善人也，信人也。」**

**「何謂善？何謂信？」**

**曰：「可欲之謂善，有諸己之謂信，充實之謂美，充實而有光輝之謂大，大而化之之謂聖，聖而不可知之之謂神。樂正子，二之中，四之下也。」**

樂正子是孟子的學生，在前面曾經有好幾次提到過他，孟子也曾經訓過他。最近一次提到，傳說樂正子要出來當政，孟子非常高興。別人還問孟子是不是有偏心，看見自己的學生當政就高興。孟子說，因爲樂正子是善人，善人當政，自然比壞人當政好。宋朝有一個類似的情形，有一個宰相的學生，出去做官，來向老師辭行。這位宰相說，你出去好好作官，千萬不可以作怪，作怪就不是好官。意思是吩咐這個學生，不要玩自己的小聰明，耍什麼新花樣，否則新花樣一出來，上上下下一切都要受影響，發生變動。本來人事與事物的變動，宜乎漸變，如果突變，一切人與事不能配合協調，各方都會受到嚴重的損害。這裡說到「善人」當政，也和要作好官的情形相似。

孟子另外一個學生名浩生不害，問孟子說，樂正子這位同學，是一個什麼樣的人物？學問修養，到什麼程度？

孟子說：他是一個「善人」，就是佛經上說的「善男子，善女人」那樣的好人。孟子又接著說：他比好人高一些，更是一個「信人」。

照表面的文字解釋，「善人」就是善良的好人，「信人」就是有信用的人。其實世界上的人，誰都有信用，最壞的壞人也有信用，連行爲與信用相反的騙子也有信用。他雖騙一般人，可不會騙他眞正喜愛的人，對他心愛的親人，還是有信用的。所以「信人」的「信」，不僅僅是信用的意思，還含有「資訊」的意思。具體言之，是指修持的人，有工夫了，有把握了，已經透露了某些徵象的人，就叫做「**信人**」。

浩生不害再問：「**何謂善？何謂信？**」到什麼程度，才算是善？到什麼程度才算是「正信」？

孟子說：「**可欲之謂善，有諸己之謂信**」。

先說「**可欲**」，就以大家修道學佛做工夫來說，有沒有做到「**可欲**」？就是身體內部有沒有發起快樂，做工夫要做到工夫來找你，不是你去找工夫。這是佛學中四加行中的發煖，就是發樂了。到了這個程度，隨時在發煖，得到喜樂的境界，叫「**可欲**」。這才夠得上第一步爲「**善人**」，也才有資格成爲佛經上稱的「善男子，善女人」。可惜我們大家修道學佛做工夫，連「**善人**」的資格都還夠不上。

第二步「**有諸己之謂信**」，工夫與身心打成一片了，所謂不再受到四大假合之身的影響，就是「**信人**」。到了這一步，就是四加行中的「煖、頂、忍、世第一法」，在世間是最高的法了。

不要以爲孔子、孟子的修養，和佛家、道家不一樣，其事其理是和佛、道相通的，就是所謂「內聖外王」之學。

大家都需要切實反省一下，自己達到「**可欲**」的境界沒有？尤其一般的人，逼著他盤了幾天腿，搞了幾天修養，但是「新起茅廁三天新」，才用功了個把月，慢慢又冷淡下去了。再過一段時間，三天打魚，兩天曬網；最後弄成三天打魚，一個月曬網，曬網的日子越來越多，連「**可欲**」都沒有達到，「**有諸己**」則更談不到了。

到了「**有諸己**」以後，進一步要「**充實之謂美**」，這個「**充實**」，不是自己的內部充實，而是孟子在前幾章說的「浩然之氣，充塞於天地之間」。這個時候就叫做「**美**」，也就是佛學中的「妙不可言」的境界了。

到了這一步以後，還沒有達到最後階段的聖境，還要「**充實而有光輝之謂大**」。不但「**充實**」，而且要發展到圓明清淨的光明境界，也就是禪宗說的「光明寂照徧河沙」的境界；這也是《華嚴經》的經題「大方廣」的意思。

這時雖大，但還沒有到聖境。「**大而化之之謂聖**」，大了以後能夠起神通變化的作用，有了聖智妙用，才達到聖人境界。孟子說「**聖而不可知之之**

**謂神**」，聖到了不可知，不可言的境界，就叫做「**神**」，修養要到達這個程度。最後「出神入化」，連自己這個聖人的境界都捨掉，沒有個聖人，到達沒有聖人之相，沒有我相，沒有法相，才是究竟。

孟子在這裡，把聖人修養的眞學問、眞方法、眞工夫，全部公開出來了，這就是中國上古傳統文化「窮理盡性以至於命」的系統原理。

對於浩生不害問樂正子修養問題，孟子答覆說：樂正子是在「**善人**」與「**信人**」之間，其他的四步修養，「**充實之謂美**」、「**充實而有光輝之謂大**」、「**大而化之之謂聖**」、「**聖而不可知之之謂神**」，他還沒有到。

孟子〈盡心篇〉到了這裡，對於內聖外王之學，很明白的表達出來，並沒有故弄玄虛，故作奧祕的玄妙姿態。所以，不論走道家的路或佛家的路線，這個原則幾乎完全是相通的。

孟子的內聖外王之道，在這裡到了一個高潮，也可以說，孟子把他一生修養的實證經驗，作了一個大結論。下面是孟子的感嘆：

# 巧妙的教育方法

**孟子曰：「逃墨必歸於楊，逃楊必歸於儒。歸，斯受之而已矣。今之與楊、墨辯者，如追放豚，既入其苙，又從而招之。」**

孟子說，當時的文化思想，重點在楊墨二家之說。楊朱講個人主義，拔一毛而利天下，不爲也。墨子的學說，是講大眾福利的，也可以說是講天下爲公的，他主張摩頂放踵以利天下。當時思想界，正流行這兩種大哲學，儒家則處於這兩者之間。所以孟子說「**逃墨必歸於楊**」，那些原來崇拜墨家的思想，欲走天下爲公的路子，做到捨己利人利世的，結果做不到了，一定退回來，轉向楊家走個人主義的路——爲己。但是個個都爲己的路，還是走不下去，兩者比較下來，還是中庸之道，保留一部分適當的爲己，適當的爲他，所以「**逃楊**」的人，「**必歸於儒**」，一定歸於儒家。

假使一個人，起初胸襟汪洋博大，年輕的人狂氣一來，不可一世的樣子，後來還是逃墨歸楊，只顧自己打坐，誰也不管了。現在他又逃楊歸「妻」，結婚去了。年輕人最容易上自己的當了，人生不外三條路，一條是自欺，不自欺則欺人，再不然就是被人欺。

孟子說：對於這種人，逃到儒家來，就教他「**斯受之而已矣**」，意思是：你回家吧，安安穩穩先坐在自己家裡，慢慢來，人生修養不是那麼簡單的，學說思想的研究不是那麼容易的。以現代來說，大學的課本，只是傳知識的工具，不能算是書；一本眞正的書，那些活了二十幾年的大學研究生，看不了幾本。不要以爲自己了不起，懂了思想學說，像我們到了這樣一大把年紀，讀了那麼多書，看起書來，也還會常常慚愧得臉紅。因爲平日自以爲了不起的見地、思想，在讀到某一本書時，發現早在一兩千年前的古人，就有了這樣的思想，說過這樣的話了。

孟子說：不必去和楊墨辯論，如果去辯論，就如拚命追跑掉的小豬，結果小豬跑到豬圈裡了，人還跟在後面想招牠回來。

這就等於談到教育思想和方法的問題，一般家長或老師，對孩子的教育，就如趕小豬一樣，拿一根棍子在後面猛追。一個孩子有了問題，是不能拿棍子在後面追的，越追得緊，這孩子跑得越快越遠，說不定還會跌死。其實，就讓他跑吧！不管他跑到哪裡，你都可以知道。

在大陸農村鄉下的廁所，爲了要利用糞便做肥料，多半是露天，在田野間或曬穀場的附近。鄉下人家的孩子，都喜歡在田野或曬穀場遊戲，不小心會跌進糞坑中，非常危險。家長不許孩子到那裡玩，他們可偏喜歡去。有一個家長，從不去把孩子趕走，只悄悄放一根長竹竿在廁所旁邊。有一天一個孩子果然跌下去了，他跑去拿起竹竿，伸到跌到糞坑裡孩子面前，叫孩子抓住，一下子就把孩子提出來了，沒有被淹死。這孩子以後再也不去那裡玩了。

這就是教育的道理，不讓他去上一次當，吃一次苦，不置之死地而後生，光是追、趕、逼，是收不到效果的。所以孟子說，去和楊、墨兩家辯論，就和趕小豬一樣，也與不許小孩到廁所旁邊玩一樣，反而得到負面的效果。

還有第二種情形：「**既入其苙，又從而招之**」，孩子太乖了，老是在規定的範圍內待著，不活動，又會埋怨孩子。人就是這樣矛盾，對太老實的人，拚命教育他，啓發他的思想；等他思想啓發了，又會搗亂，這時又埋怨他了。這能埋怨他嗎？是教育啓發了他的思想才會這樣啊。

這一段就這樣幾句話，教育的味道，世態的味道，社會的味道，被孟子講完了。所以他在上面說「**逃墨必歸於楊，逃楊必歸於儒**」，這就是孟子的教育思想。他先在前面等著，等你東碰壁、西碰牆，沒有出路，無路可走了，自然走到他的面前說：老師，救救我吧！於是他拿起竹竿說：抓住！把你提回來。就是這麼一回事，這是教育的味道。做工夫也是這樣，許多年輕人學道學佛，做工夫，我非常不贊成，我希望他們到外面，各種修養都學完了，全世界的修養工夫都學過了，能學到更好，學不到的時候，再回過頭來學道學佛做工夫。

孟子這些話，只是一個話頭，不只與教育思想有關，甚至與政治哲學、經濟思想等都有關。大家要注意這是一個大的原則，他所提倡的堯舜的領導與教化，就是這樣的，站在正路的路口先等著你，不怕你走錯路，當你在岔路上吃了虧，拉一把救你回來，堯舜之道，就是這個路子。

# 財聚人散

**孟子曰：「有布縷之征，粟米之征，力役之征。君子用其一，緩其二。用其二而民有殍，用其三而父子離。」**

這裡講古代的財稅。中國以農立國，國家有了大事，需要錢用，就靠田賦抽稅，如果遇到動亂的時候，各種稅收都來了。在春秋戰國時代，平常有三種稅法，一是「**布縷之征**」，古代男耕女織，家家織布，不像現代有大規模紡織廠，所以那時有「**布縷之征**」，家裡織了一匹布，要繳若干稅。第二有「**粟米之征**」，到了收成的時候，按種田面積大小，抽若干稅。第三項「**力役之征**」，抽勞力，一年中抽若干時日，爲政府服務。後方服勤務，前方服兵役，都是力役之一。

孟子說：從政的人要注意，這三種稅賦只能「**用其一**」，才是高明的治理之道。否則就是對老百姓玩手段，不是大政治家的做法，只算是小政客的手法。

他說，「**用其一**」而「**緩其二**」，是治道的原則。例如要老百姓出力的時候，就要減輕他們的稅捐；要他們在財經上有所負擔時，就必需讓他們在力役上，得到適當的休息，才能重新生產。「**用其二而民有殍**」，如果用兩項稅，老百姓就會有人餓死了，社會經濟枯竭了。假使遇到動亂的時候而用三，征布、征糧又征力役，造成家庭中父子、兄弟、夫婦離散，整個社會也可能分崩離析了。

天下有許多理論，聽來絕對動人，但拿來付諸實行時，絕對錯誤。有些理論，聽來非常平淡，用起來是最高明的。可惜許多研究政治哲學的思想家，不懂這個巧妙。

其實不止國家的財稅問題如此，個人的事業也是如此。身爲領導人，對於事業機構中人才的運用，也該征其一緩其二，要求一個人才，負責一件事；其它的事，就要叫他人分擔。有的領導人，發現部下之中有一個人才，什麼事都叫這個人去做；例如總務處辦事效率高，於是把業務也交給總務處去辦，這就不對了。

讀書讀活的，把「**用其一，緩其二**」的道理貫而通之，那樣的話，各方面都可以應用自如了。

**孟子曰：「諸侯之寶三：土地，人民，政事。寶珠玉者，殃必及身。」**

這是孟子提的一個政治大原則，一個國家的領導人，如果是政治家，所領導的，就是「**土地，人民，政事**」三寶，這三種是眞正的寶。如果一個國家的領袖，重視珍惜的是珠玉珍奇的話，災難一定會很快光臨到他身上。古今中外皆有這種事實，應驗在帝王身上的很多，最著名的是明末的崇禎皇帝，就是李自成打進北京城後，在煤山上吊的那個皇帝。實際上他是一個好皇帝，品德也很好，就是有一個毛病，手撒不開，財貨要抓在手裡。流寇作亂，要籌餉用兵，他一直說沒有錢，拚命向民間增加賦稅。管理財政的大臣向他報告，不能再加稅賦，老百姓已經沒有力量負擔了，建議他用皇室內庫的錢。他還是不允許，說這是不能動用的。等他吊死煤山以後，流寇打開內庫，裡面多的是黃金、白銀、財寶，供給一百萬部隊的軍用都足夠。這就是「**寶珠玉者，殃必及身**」。

青年人要注意一點，如果要想做一番事業，應該知道「財聚人散」的道理。鈔票都到你口袋裡，社會的人際關係就少了，沒有「眞朋友」了；「財散則人聚」，孟嘗君就是這樣，鈔票撒得開，解決了別人的困難，自己的錢當然沒有了，但是朋友多，人際關係多，有了苦難，則有朋友幫忙。孟子雖然說的是政治原則，用之於人生，也是一樣。儘管在有形的財富方面，上無片瓦，下無立錐，然而還是有無形的財富土地，以及自己的學問、思想、人品、眞理等。人生的立場站穩就有「**土地**」了；有了人格，就有同道的朋友，那就是「**人民**」；然後有了合乎道德的標準行爲，就是「**政事**」。國家如此，個人也一樣，「**土地、人民、政事**」，這三件是大寶，如果只重鈔票，當然「**殃必及身**」。

# 小有才的危險

**盆成括仕於齊。孟子曰：「死矣盆成括！」**
**盆成括見殺，門人問曰：「夫子何以知其將見殺？」**
**曰：「其為人也小有才，未聞君子之大道也，則足以殺其軀而已矣！」**

這一段的重點，在「**小有才，未聞君子之大道**」這兩句話。大家在平常批評別人時，包括歷史上的人物和眼前的人物，常常會引用到這句話。例如有人提到某甲時，另一人會說：「某甲小有才」，聽來好像是一句讚美的話，其實批評的人，態度含蓄，沒有把「**未聞君子之大道**」這句話說出來。對於這兩句話的意義，如做深一層的研究，值得討論的地方很多。但我們首先要注意的是：一個研究《孟子》，或作學問的知識分子，不要把自己培養成一個「**小有才，未聞君子之大道**」的人。現在，先解說原文。

盆成括這個人，有一次將要到齊國從政，擔任重要的位置。孟子一聽到這個消息就說：盆成括完了，一定要遭殺身之禍。結果不出孟子所料，後來盆成括被殺了。但是究竟爲什麼被殺，歷史上很難找到詳細的記載，因爲過去的歷史，尤其在秦漢以前，用竹簡的時代，書寫困難，對於這類事情的記載，都很簡單，只說他被殺了。

後來孟子的學生問老師，爲什麼能在事先判斷盆成括會被殺？

孟子的結論說，他「**小有才，未聞君子之大道**」。凡是這一類的人，如果出來負責任做大事，則難免遭殺身之禍，這幾乎成爲歷史人事上的定例。上自帝王，下至老百姓，屬於「**小有才，未聞君子之大道**」類型的人很多，而他們多數沒有良好的結果。

大家都很熟悉的《三國演義》，諸葛亮平常最愛護的一個青年馬謖，他是五兄弟中最小的，他聰明、有才華、有能力。諸葛亮非常喜歡他，一直在提拔他。劉備看到諸葛亮培植這個青年，好像準備教他作接棒人一樣。不過，劉備看出了他的短處，就告訴諸葛亮：馬謖這個人，不可以大用，因爲他「言過其實」。馬謖很會吹牛，無論講到什麼事，他都說有辦法；實際上，事情到了重要關鍵處，由於他性情剛愎自用，反而壞事。

諸葛亮總覺得劉備這些話，是一種成見，心裡不大同意，但劉備到底是老闆，不便多作辯論。等到劉備死後，諸葛亮還是重用了馬謖。諸葛亮六出祁山，在第一次出祁山北伐中原的戰役中，允許馬謖帶兵作先鋒，駐守前線最重要的據點街亭。可是馬謖一到街亭，不按諸葛亮「當道」紮寨的布置，自行安營在制高點，也不聽部下勸告，故此導致前線第一道防線被突破，全軍覆沒，使諸葛亮第一次出祁山的計劃全盤失敗。諸葛亮雖然愛他的才華，也只好依照軍法，揮淚把他斬了。這時諸葛亮說：「悔不聽先主（劉備）之言」。

從這一歷史事件中，反映了幾個問題：

諸葛亮是了不起的人物，但他的了不起之處，又不如劉備的了不起。劉備善於識人用人，所以能用到諸葛亮。曹操和孫權都想拉攏諸葛亮，都不成功，他只願意幫助劉備，可見劉備的確有過人之長。當然劉備也有不及諸葛亮的地方，但是當領袖的人，能夠知人善任，是首先應具備的條件，從國家領袖到雜貨店的老闆，都應該如此。

其次，馬謖這個人，聰明、有能力，也有決心，但是見地不遠大，而且「我見」非常深，就是典型的「**小有才，未聞君子之大道**」了。

再擴而充之來講，南唐李後主也是如此，他的詞寫得好，「車如流水馬如龍，花月正春風」，的確很好，但這也是「**小有才**」，是文學之才，假使不當皇帝，那在文學史上，是千古一人的詞家名手。可惜命不好，不幸當了皇帝，成爲一個亡國之君。現在流行算命，這也是算命的原則，大家不要以爲作皇帝的人一定命好，一個人如果命好，但是才不能成其德，才不能成其位，一樣是失敗。北宋的徽宗也是如此，諸如此類的事，非常之多。

我們用孟子這兩句話，去看歷史人物，乃至於反省一下自己，就會發現，自己往往也犯這個毛病——「**小有才，未聞君子之大道**」。

不過「**君子之大道**」又是什麼呢？孟子在這兩句話的後面，並沒有加以詳細說明。但《孟子》全書所言，就是「**君子之大道**」。若人們能把《論語》《大學》《中庸》《孟子》都參究透澈，那就可以了解何爲「**君子之大道**」了。人生的大路應該如何走？有兩個最好的榜樣，就是孔子與孟子。

下面是闡述「**小有才，未聞君子之大道**」的道理：

**孟子之滕，館於上宮。有業屨於牖上，館人求之弗得。或問之曰：「若是乎，從者之廋也！」**

**曰：「子以是為竊屨來與？」**

**曰：「殆非也。」**

**「夫子之設科也，往者不追，來者不拒；苟以是心至，斯受之而已矣。」**

這是孟子親身經歷的一件事。孟子有一次到滕國，滕文公對他非常恭敬，以自己一等的別墅，招待孟子，作爲孟子臨時住宿的行館。這個別墅有一個管理人員，在孟子住進來之後，管理員放在窗臺上的木鞋不見了。

「屨」是古代穿的鞋子，在那個時代，都是席地而坐。日本人的榻榻米，就是我們古代室內陳設的習慣，後來傳到日本的。人一進大門，就要脫下鞋子，赤腳進入室內，所以穿的並不是皮鞋，也不是布底鞋，是日本人穿的木拖板。台灣光復之初，還有人穿這樣的木屐，幾十年前，湖南也還有人穿這種木拖板，或者下面釘些鐵釘，名爲釘鞋。廣東、廣西的人，民初時也流行穿木拖板，不過更爲考究，在木板上鏤刻花紋。因爲穿木拖板，不穿襪子赤著腳，所以女孩子還在腳指甲上抹顏色。在木拖板的上面，用粗線編起來，或釘上一條布質的鞋面，就名爲「屨」。

「業屨」依古人的解釋，是正在做鞋子，快要做好了，叫作「業屨」。以前在公文中說一件事情已經辦好了，就寫「業已」兩個字，這個「業」字不是事業的意思，是一個虛字，照字面很平實的來看，「業屨」就是做的鞋子，也可以解釋說是賣的鞋子。但也有古人辯論說，賣鞋子則鞋子絕對不可以擱在窗臺上。古人這種話，實在是雙槌擊鼓，「不通」之論。這些都是文字上的小問題，不去多作討論。

這裡文字中說，上宮中的一個管理員，本來兼做鞋子，那天孟子帶一批人來了，這位管理員忙於接待他們，匆匆忙忙將未做完的鞋子，隨手擱在窗臺上。等到招待的事辦妥以後，再來拿這雙鞋子，已經不見了。於是有人懷疑說：是不是孟子帶來的這一批學生當中，有人是「三隻手」，自己的鞋子穿破了，就把窗臺上鞋子拿走了。當然這種事情，也是有可能的，在台灣光復之初，全是日本式房子，進門一定要脫鞋，就常有皮鞋被偷的事，甚至十幾雙鞋子，被小偷一麻袋裝走。所以別人的懷疑，也是很普通的事。

有人則說：「**子以是為竊屨來與**」，你認爲孟子帶來的這一班同學們，是爲了偷鞋子來的嗎？你這不是侮辱這班人嗎？他們是偷鞋子的人嗎？——這幾句話，古人有的解釋是孟子說的，也有的認爲是孟子的學生或別人說的。但到底是誰說的，並不重要，反正有人提出這樣的意見。

於是又有人說：並不是說孟子的學生一定會偷鞋子，我們知道，孟子的教育態度，有時也和孔子的「有教無類」一樣，寬大得很。孟子分科設教，對於學生的過去，縱然是做過強盜也罷，小偷也罷，他都不多追究、不多過問，因爲過去的事，已經過去了，只要是改過遷善，來向他求教的，不管以前是好人壞人，他都不會拒絕。也許有一個同學，過去染了偷竊的習慣，又在路上把鞋子走破了，就把這雙鞋子換穿上了。而在孟子方面，既不知道這位同學的過去，也不知道這件事，所以也不會追問，失鞋的也只有認了。

這只是孟子帶領學生在滕國時，所發生的一件小事，本來沒有什麼了不起，可是將這一段故事和對話放在這裡，是爲什麼呢？古人的看法，重點在「**往者不追，來者不拒**」這兩句話。以現代的話來說，儒家是只要你有心向善立志作好人，佛教是只要你發心懺悔，去惡從善，就可以既往不咎了。因爲人人有過，肯改就是對的；至於說改過以後，壞習慣又復發，這也是很難保證的事，要看他改過以後的行爲如何。

這是古人的說法，認爲這段書的重點在「**往者不追，來者不拒**」這兩句話，以闡述孟子教育精神的優點。

但我們今日從整篇來看，則發現這段的文字，是接著「**小有才，未聞君子之大道也**」的敘述。古人的解釋，當然沒有錯，不過我們可以進一步做更深入的討論，對於古人的解釋，可以用禪宗的一句話來形容，那只是「擔板漢」的見解。就是說，一個人在肩上擔了一塊木板走路，他只能看到一面，另一面看不見。要把這塊板放下來，才能看清楚全面。這就是「**小有才，未聞君子之大道也**」的道理。

由《孟子》這一段，我們想起道家的《列子》。這部書最後以一個故事作結論，就是有名的「正晝攫金人」的故事。前面已經提到過，有人在大白天，在大家都看得見的情況下，拿了別人的黃金就走。《列子》這部書，說完了這個故事就結束了。後來有人考據，認爲後面應該還有文章，但散失了；歷代相傳，都是這種說法。但在我看來，後面並沒有什麼文章，列子和莊子這兩位道家人物，就是這麼妙，講話和禪宗的話頭一樣，如同歇後語只說了一半，另一半你們自己去參。這也是前面所說學「隱身法」的故事一樣，世界上許多人，都是因「**小有才**」而蒙蔽了自己，或者是大糊塗蒙蔽了自己，都以爲別人看不見自己所隱藏的這一面。這個閒話，說明許多人都有掩耳盜鈴的心理與行爲，所做所爲，以爲別人不知道，其實別人都知道。

這種奇怪的心理與行爲，還不算什麼，不過是小偷行徑，小丈夫而已。有些自稱爲大丈夫的，連隱身法都不用，耳也不掩，認爲你的就是我的，要拿就拿了，別人還不敢動他，這就是「正晝攫金人」，光天化日之下，堂而皇之來，把別人的東西就拿去了。就像歷史上的人，把國家政權整個拿到手，也是「正晝攫金人」，一方面還要說些好聽的「理由」，好聽的名稱。歷史上這類故事很多，《列子》結尾的這個故事，也正是對歷史批評所作的一個結論。

我們如果懂了列子之所以將「正晝攫金人」，作爲他全書的結論，回過頭來就知道，孟子用這個「失屨」的故事，放在「**小有才，未聞君子之大道**」這段後面，正是連貫一氣的文章。到底孟子的學生之中，有沒有人偷鞋子？很難斷定；或說孟子的學生都是賢人，不會有人偷鞋子，這也很難講。賢人之道，還沒有修養到很高的境界，有時候習慣性的「順手牽羊不爲偷」

也可能有之。禪宗有句話「偷巧心」，不肯腳踏實地去做，不肯吃苦頭去做，用這樣的偷心去發心，就會有這樣的行爲。所以《孟子》這段書中引用一雙鞋子的事來作說明。

還有更深的意義，推開這一段中的故事不談，我們討論「**往者不追，來者不拒。苟以是心至，斯受之而已矣**」這幾句話，大有佛說《金剛經》的味道。不要忘記，這一篇的篇名是〈盡心〉，《金剛經》上說：「過去心不可得，現在心不可得，未來心不可得」，而《孟子》這裡「**往者不追**」，過去的已經過去了；「**來者不拒**」，未來的還沒有來；現在的心呢？「**斯受之而已矣**」，當下即是這個心。這和鞋子丟了沒有什麼關係，這說明孟子的教育，是在教我們了解人的心，縱然學生們個個都是好人，也許其中有一人，當下一念守不住，習性的污染未除，「順手牽羊」不是有心故意偷盜，容或有之。所以人當下一念的心，很難把持，這也就是「**小有才，未聞君子之大道**」。君子之大道，就是隨時注意自己當下這一念，非常重要。

再往下看，就順理成章，看到文章的連貫性了。

# 穿窬之心 偷巧偷心

孟子曰：「人皆有所不忍，達之於其所忍，仁也；人皆有所不為，達之於其所為，義也。人能充無欲害人之心，而仁不可勝用也。人能充無穿窬之心，而義不可勝用也。人能充無受爾汝之實，無所往而不為義也。士未可以言而言，是以言餂之也；可以言而不言，是以不言餂之也；是皆穿窬之類也。」

孟子接著上面，再講心理作用，他說「人皆有所不忍」，每個人都有不忍心的地方；例如在家裡吃到好東西，如果父母家人不在，總不忍心完全吃掉，這就是不忍之心。可是吃到最後，父母家人還沒有回來，東西又實在好吃，於是會改變主意，吃完了再說吧。假使能夠擴大這種不忍之心，「**達之於其所忍**」，下狠心要隨時把不忍心擴大變成愛一切人，變成了眞仁慈，那麼就叫做「**仁**」。

其次「**義**」，孟子以「仁義」兩個字作爲他教育的中心思想。他說：「**人皆有所不為**」，每個人心理，有他自己的標準，某事該做，某事不該做。例如：看見面前放有一堆無主的錢，心裡會想到，這不是我的，不能隨便拿。基本上，人性都有這一善良的心理，但是「看得破，忍不過；想得到，做不來」。有這種善良的心理，到某一時候，由於環境上「依他起」，依外物外境的影響、引誘，守不住而自撤防線。人要有爲有守，將這種有所不爲的心理，能擴而充之，「**達之於其所為**」，變成不該做的絕對不做，該做的就做，至死不變。下面孟子又申述了理由：

他說：每個人的基本心理，開始都不想害別人，爲什麼又會想害人？因爲利害關係，因爲情感上的原因，這樣一個一個的原因加上去，最後蒙蔽了自己原先那一點不想害人的善良之心，反過來卻去做害人的事。「**人能充**

**無欲害人之心**」，如果保持天理良心的一點良知，擴充自己不想害人的心，去掉那些妨害別人、怨恨別人、討厭別人的許多差別變化出來的心態，「**而仁不可勝用也**」，那就是回歸到仁心的本位了。所以檢查自己，平常沒有事的時候，都很平靜，害人、怨恨、討厭等瞋恨的心念都沒有；一旦有事的時候，受外境影響，這些負面心理的作用就起來了，於是由討厭擴充爲仇恨，再擴充可能起殺人之念。所以人要認清楚自己最初的清淨面、善良面，並且擴而充之，自然就是仁慈心。

一個人要擴充沒有「**穿窬之心**」，所謂「**穿窬**」就是形容挖洞、鑽孔，「**穿窬之心**」也就是偷巧之心。有人學道修心的心理，也是如此，因爲心中有一點點好奇，想得到神通。如果自我反省一下，動這些念頭的原因，各種怪花樣就多了。這種「**穿窬之心**」，大家都有的，例如有兩人在前面談話，我們本來走過去就算了，可是有時候會想走到他們身邊，把腳步放慢一點，偷聽他們在說些什麼，這也是「**穿窬之心**」。甚至到別人桌子上，開抽屜，看文件，翻書本，這些都是「**穿窬之心**」所使然的「惡作劇」壞行爲。所以說，能夠保持先天靈性的良知這一面，擴充爲「**無穿窬之心**」，把偷巧之心泯滅了，「**而義不可勝用也**」，自然心中的道德，外表的行爲都合於大義了。

第三點：「**人能充無受爾汝之實，無所往而不為義也**」，這一句照字面解釋，「**受**」就是接受，「**爾**」是你，「**汝**」也是你，釋成白話是「人能夠擴充不受你你的事實」。什麼是你你？很難解釋，講白了就是不受你啊、他啊，別人的影響和左右，就是不分人我之心，如《金剛經》講的「無我相，無人相」。人與人相處，沒有人我的觀念，還是消極的；更積極的是你就是我，「同體之慈，無緣之悲」。人能擴充到沒有你我之分，當下愛人如己，做到這樣，就是大仁大義，無往而不利了。

心理行爲的擴充，到達了仁義，就是佛家所說的無人我相，再進一步，愛人如己，愛天下人如己，就無眾生相了。但小有才的人，就不知道這個「**君子之大道**」了。

前面說了「**穿窬之心**」，是偷巧的心理，就是偷心，在這裡孟子又說：「**士未可以言而言，是以言餂之也**」。例如有一個求學的人，根器不夠，不應該教他，但是爲了炫耀自己有道德，有學問，非教他不可。尤其宗教方面，一定要別人皈依自己，傳一個法門給人，這也是「**穿窬之心**」。自己的心理不是爲名，就是爲利，再不然就是弄權，好高，喜歡別人崇拜自己，用話去引誘別人。相反的，對於有程度，有足夠道德的人，或對於該接受這種教育的人，也應該教給他們。可是因爲慳吝，吝法，卻不教人，以表示自己更高，這也是「**穿窬之心**」。

這裡看到，儒家的道德和佛道兩家一樣，即使心理上犯了一點點錯誤，像是引誘別人似的，就變成我慢了，這是不可以的。

**孟子曰：「言近而指遠者，善言也；守約而施博者，善道也。君子之言也，不下帶而道存焉；君子之守，脩其身而天下平。人病舍其田而芸人之田；所求於人者重，而所以自任者輕。」**

孟子說的「**君子之大道**」來了，非常重要，我們千萬不要玩「**小有**

才」，不要玩小聰明，那是不對的。

孟子說：「**言近而指遠者**」，話說得非常粗淺，初聽之下，平平淡淡一句話，好像沒有什麼內涵；而仔細再想想，其中包含了太多的意思，也是很深奧的道理，這就是「**善言**」。一般人說出來的話，如果別人聽不懂就算是自己高明的話，那不如去唸咒語好了，口裡嘰哩咕嚕，誰也聽不懂。所以一個眞正的學問家，講話要深入淺出，將高深的學問用簡單明瞭的語言說出來，讓沒有讀過書的人也都聽得懂，不要玩弄自己的學問。使人懂是他的責任，並不是要使學生認爲自己崇高，而故意講得讓人不懂。

「**守約而施博者，善道也**」，「**約**」就是儉省，收斂；守約施博就是告訴人一個原則，守住這一個原則，而用出來，布施出來，影響非常廣大。中國人講「天理良心」這四個字，很簡單，也就是「**約**」，我們要守住這個原則，不能違背。我們爲人處事，隨時隨地都要講究「天理良心」，這就是「**施博**」。後來佛教進入中國，也有四個字「阿彌陀佛」，看見一件好事，唸一聲「阿彌陀佛」，見一件壞事，也說「阿彌陀佛」，有時候罵人也只唸一聲「阿彌陀佛」。所謂「阿彌陀佛」就是無量壽、無量光，這一句「阿彌陀佛」，眞是妙用無邊。

孟子說「**君子之言也，不下帶而道存焉**」，君子所講的話，「**不下帶**」就有道理在那裡了。這個「**帶**」字有沒有錯不知道，要考據家去考據，但古人的解釋，是說當時的人，腰上都繫一根腰帶，「**不下帶**」就是講話很平實。但這樣理解還是含糊不清，依我的意見，很明白的說，「**下帶**」的意思就是，君子說話，要說得使人清楚，不可以拖泥帶水，簡單的一句話，道的精神就都表達出來了。

孟子又說：「**君子之守，脩其身而天下平**」，一個君子，本身的人格操守——在儒家講操守，在佛家叫做戒律——眞正有道德的話，無需言教，只要本人修養行爲好，自然可爲人榜樣。「**人病舍其田而芸人之田**」，這句話等於講，自己的心田不去種，拚命去耕耘他人的心田。也就是說，自己沒有好好修身養性，偏偏喜歡開口教訓別人，而且對別人要求得很嚴格，對於自己的修爲，卻馬馬虎虎。世界上這類人很多，這就是「**小有才，未聞君子之**

大道也」的人。

# 君子行法以俟命

**孟子曰：「堯、舜，性者也；湯、武，反之也。動容周旋中禮者，盛德之至也。哭死而哀，非為生者也。經德不回，非以干祿也。言語必信，非以正行也。君子行法以俟命而已矣。」**

這裡文字的解釋，又是一個重要的問題，孟子提出另外一個觀念。「**堯、舜，性者也；湯、武，反之也**」，這是什麼意思啊？程顥、朱熹這些宋儒，為了這些文字，把聖人的話，設法塑造得非常之「神」，因此在註解時，下筆很痛苦。這兩句話，依照文字解釋，「**堯、舜，性者也**」，堯舜的仁慈、仁義，是生來善良天性自然流露出來的。下面是相反的話：「**湯、

**武，反之也**」，所謂「**反之也**」，應該是說，湯武是把人性壞的一面反轉來，使人們恢復善良的本性。去惡存善，改過遷善，都是「**反**」的意思，而宋儒註解的文字，就如說夢話一樣，朦朦朧朧，含含糊糊的，以爲湯武與堯舜是相反的，其實並非如此。

我們現在可以懷疑、批評、指出這些註解的不當。如果是時光倒流回到一百多年前，這樣批評的話，不但拿不到功名，還可能招致殺身之禍。尤其是宋明以後，考試都是以朱熹的註解爲標準，如果批評了他，非但進不了孔廟，還會被排斥於讀書人之外。

實際上宋儒這些註解，都是白費功夫，別人讀了，如聞囈語，不知道說些什麼。這本來是很簡單的兩句話，概括原意就是：堯舜當然道德好，但在他們的時代，物質文明尚未發達，社會還是保守的，人類的天性是自然善良的成份居多；那就是老子莊子所謂道法自然的表現，人們自然還保持了善良的天性，這就是「**性者也**」。

後來到了商湯與周武王的時代，由於物質文明進步，受聲色物質的誘惑很大，慢慢影響了人的精神思想，人性就變了。這時再實施純道德的政治制度，已不可能使社會安定，於是建立了法制，用法律來管理眾人之事，希望人性回到原來善良的一面。

這也說明了一個現象，就是人類社會物質文明越進步，道德就越衰退，只好用政治的方法來管理，用法律來規範，希望回到純樸善良的本性上去。這是很簡單的道理，所以「**反之也**」，不必解釋成湯武與堯舜相反。當然，看起來湯武是造過反，他們兩個人都是起來革命，推翻前朝桀與紂兩個暴君，也就是：「你不行，下去！由我來」的作爲。堯舜則是：「我不行，請你來」。這兩種情形完全不同，但這只是政權傳承的形態不同罷了。

孟子繼續申述：在堯舜時代的上古社會，人性被染污得少，自然人人都具有道德，不只是領導人如此，即使社會上的一般人，也是「**動容周旋中禮**」的。

「**動容**」就是態度。假使有人做錯了一點事，旁邊的人臉色稍微難看一些，或者把頭偏過去，不屑看他，這個人已經很難過了。可是越到後來的人，如果被人輕視，他不但不難過，甚至會反過來想：「你看不起我！誰要你看得起！你又算老幾？」甚至你「**動容**」，多看他一眼，他就動刀了。社會上常有因多看一眼，就發生動刀殺人的事。

「**周旋**」就是應酬、交際，在社會上的待人接物，人與人之間的相處。「**動容周旋中禮者**」就是一個人的態度、言辭、動作、行爲都處處合理，恰到好處，這就是德。說到道德二字，道是道，德是德。道是指明心見性之體，德是指明心見性以後的入世起用，也就是「**盛德之至**」。在佛家而言，就是功德圓滿，學道有成就智慧圓滿。

「**哭死而哀，非為生者也**」，有朋友死了，因而哭得很傷心，這哭並不是哭給活人看的。不久前一個青年寫文章說，他父親死了，父輩們去弔喪，有的哭得很厲害。他說這些人不是哭他父親，是哭自己，因爲這些人見他父親死了，想到自己也快死了而哭。這篇文章，曾經引起一些非議，當然這又是前所未有的觀點，說的是「**哭死**」的另一面，這說法也很新奇。

孟子說：哭死去的親友，是眞正的悲哀，並不是哭給別人看的，好朋友死了，是眞的傷心；有時傷心到極點，則哭不出來，一滴眼淚也沒有，人是木然的。遇到這種情形，要特別注意，要上前去推他一下，幫助他的氣脈運行，否則的話，會發生危險，要等他哭了出來，危險才算過去。

「**經德不回，非以干祿也**」，「**經**」就是直道，有些人以直而堅強的直道，守住他的道德標準，毫不轉彎。但並不是爲了名利，目的也不是爲好人好事大會上的表揚，而是爲了自己經常遵守的直道。

「**言語必信，非以正行也**」，說話言出必行，不只是借了錢一定要還，開出去的支票一定要兌現，這只是小信；大信是自己做得到的才說，做不到的不說，不講空話。例如有人問你吃葷或吃素，假如心裡還有一點點想吃葷，就不可說吃素，否則就是言行不相符了。因爲口裡雖說吃素，心裡還在想吃葷。簡單地說，就是說出的話，要和自己心裡的思想，完全合一，這才是眞正的大信。也就是心口如一的道德，不是口是心非，更不是隨便說話，再勉強自己的行爲去和話符合，使別人以爲自己有信用。

「**哭死而哀**」、「**經德不回**」、「**言語必信**」這三句話，每句都有兩重意義，以「**盛德**」來說，堯舜以上的古人，自然人人有道德，不必另外標榜一個道德的口號，老子和莊子，曾經提到過這個道理。後來因爲物質文明進步，人類的道德開始墮落，於是產生「仁義」的名辭，要人類有仁義。再後來，人們的仁義也喪失了，於是又產生了「守法」的名辭，要大家做到守法律的規範。現在人類的行爲，法律差不多也無可奈何了，那就沒有辦法，只好用刑法。

所以每句話，都有兩重意義，說明至情、道德、言語的眞義。這都是說明用自己內在的天性，自然的向外流露，不是爲了適應外在的人、物、事。所謂「**君子行法**」，就是效法這個道理「**以俟命**」，這就是修命。

由此可知，儒家所說的「**命**」，就是人在活著時候的生命價值；「**俟命**」就是人活著，應該如上面所說的三句話那樣，也就是正命，那是生命的意義與價值。

孟子和孔子一樣，他一生的言語行爲，本身就是典範，也就是教育的標準。下面的話，是說孟子自己，也同樣是對學生的教育。

# 說大人則藐之

孟子曰：「說大人，則藐之，勿視其巍巍然。堂高數仞，榱題數尺，我得志弗為也；食前方丈，侍妾數百人，我得志弗為也；般樂飲酒，驅騁田獵，後車千乘，我得志弗為也。在彼者，皆我所不為也；在我者，皆古之制也；吾何畏彼哉！」

孟子曰：「養心莫善於寡欲。其為人也寡欲，雖有不存焉者，寡矣；其為人也多欲，雖有存焉者，寡矣。」

孟子經常與「**大人**」會面，這裡所謂的「**大人**」，指地位高，年齡高，有權、有勢的人。像二十世紀中，香港的老百姓，對警察也叫大人，因爲英國人雖統治香港九十九年，但其所用的法律，多半是沿用滿清的「大清律例」。在滿清官場上，對官吏慣稱大人，所以香港人舊習慣對官吏仍稱大人。又如香港有一座公園，以英國一個統帥的名字命名，而香港的老百姓則叫這座公園爲「兵頭公園」。所謂「兵頭」，在我國宋朝時，是以「兵頭」來稱元帥的。

孟子所見到的齊宣王、梁惠王這些諸侯，他們生下來就是當王的，這種人從小接受當諸侯王的教育，在言談舉止之間，儀態就與別人不同。曾經見到滿清宗室貴族，以及大臣的遺老們，雖然帝制業已推翻，而他們的家裡，還有許多男女佣人，仍會擺出那種頤指氣使的威風。官太太小姐們，放在面前的東西，自己不伸手去取，叫丫鬟從老遠跑來，再雙手拿來交給她，那種味道，現代的青年是看不到了。當時有新思想的青年，看到這些情形，非常反感，覺得太腐敗，非革命不可。可是不待革命，由於日本對我國的侵略，戰爭苦難把他們都淘汰了，因爲這些人離家逃難，出了大門，連米長在哪一棵「樹」上都不知道，在逃難的路上，不待敵人打來，三五日的風霜，就倒路不起了。這一類也是所謂的「**大人**」。

孟子吩咐學生們說：你們見了「**大人**」，「**則藐之，勿視其巍巍然**」，不要被他言談舉止的態勢嚇住了。現在民主時代，已經看不見大人們的那種威風了，在帝制專政時代，只要看到地位稍稍高一點的人，乃至於只是一個縣長，老百姓連頭也不敢抬起來。

孟子說要「**藐之**」，「**藐**」不一定是小的意思，現在「藐視」一辭，是從《孟子》這裡來的，就是看得平凡一點，不是完全輕視。不要怕他「**巍巍然**」，高高在上的樣子，因爲在古代，地位越高，座位也越高。以前皇帝上朝的時候，滿朝文武百官跪了一大堆，但是皇帝長什麼樣子都看不清楚，能夠靠近一點的，最多見到一個模糊的影像而已。

老實說，這種「**巍巍然**」的樣子，也未必是故意裝出來的。在古代那種制度下，人在高位上坐久了，自然會有那種樣子，所謂習慣成自然。像當老師教書久了的人，對人說起話來，一開口就是「懂不懂」或「你懂嗎」這種話，在別人聽來，多難接受！又如帶過兵，習慣指揮別人的人，連對自己的太太，也像是帶兵那樣指揮。尤其那些部隊閱兵慣了的人，一走下車來，就是沉步、抬頭、收下顎、挺胸，頭部移動；從左到右橫掃一眼，又從右到左回掃一眼，就是那種意氣飛揚的樣子。有一個生意人，受了軍閥中一個排長的欺負，一怒之下，不做生意，募來一些子弟兵，當了連長。有一次一個排長不聽話，他要撤這個排長的職，把特務長（民國時代管軍餉財務的職位名稱）叫來，下命令說：「馬上結清排長的帳」，這都是習慣成自然，要改變過來，很不容易。所以孟子前面說的「**動容周旋中禮**」非常難。處於什麼位置，就應該表現什麼態度，說什麼話。作客的時候就是客，當主人的時候就是主人，假使請一位長官到家裡來吃飯，和請一般朋友又不同，所以事情要從兩面來看。

所以見到「**大人**」，不要被他那「**巍巍然**」唬住了，連話也說不出來，心理上就已經不平衡了。孟子教學生，不要把大人看得那麼高，他也是人，自己也是人，在精神上、人格上、心理上，都是處於平等地位的。

然後，他教學生一段話，說得慷慨激昂：

**「堂高數仞，榱題數尺，我得志弗為也」**，在農業社會裡，古代有的房屋，高到十丈，樑柱都有幾尺寬。像這樣規模宏大的房屋，孟子說，就算自己得志，也絕對不住。住一個平常的茅屋就可以了，有了地位有了錢，不要先在居住方面去貪享受。

**「食前方丈，侍妾數百人，我得志弗為也」**，例如清朝的大八仙桌，坐八個人的方桌，差不多就有一丈方圓，而每餐的菜餚，多達數十樣，侍候在旁邊的有好幾十人，乃至上百人不等，添酒的添酒，端菜的端菜，盛飯的盛飯，各有不同的專職。這種奢侈的做法，孟子也不主張，得了志，絕對不擺這樣的排場。

**「般樂飲酒，驅騁田獵，後車千乘，我得志弗為也」**，**「般樂飲酒」**就是吃喝玩樂。**「驅騁田獵」**，在現代來說，我國已經禁獵了，相當於去郊外打高爾夫球，後面還跟了一大批隨從人員。這樣的排場，孟子也不主張。

這些都反映了戰國時代，那些在高位的所謂大人的奢侈。可是沒有飯吃的窮人，還多的是。

孟子告訴學生們：「**在彼者，皆我所不為也**」，不要看到這些大人們，住高大的房子，排場大，吃得好，穿得好，玩樂得好，自己就動心了，老實說，這種自欺欺人的虛榮作風並不值一顧。「**在我者，皆古之制也**」，在我們，每一個人都應該有自己平凡莊重的生活習慣，上通天文，下通地理，中間的人事，都懂了；我們有自己的人格，詮古傳今，有自己的精神文明。「**我何畏彼哉**」，我們沒什麼自卑或畏懼的。人們往往喜歡將物質、財富以及地位、聲望等等拿來炫耀於人，這其實是低俗的心理。

孟子講這一段話，很有豪氣，孔子就不會這樣講。所謂爐火，孟子燒得鑪大，而孔子則已經純青了。孟子這種話，有點像子路的口吻，所以還要進一步修養，看到富貴的人，心中根本就沒有富貴的觀念，看成和自己一樣，不要起人我的分別心，能達到這樣的修養，就更美了。當然，後來孟子還會「**充實之謂美**」的。

下面孟子爲這一段作結論，提到了修養的工夫。對於孟子談到的修養工夫，大家要特別注意，因爲他講得非常實際，而孔子所講的，屬於形而上學，更高卻更平淡。

孟子說：「**養心**」就是修行，先要做到「**寡欲**」。「**寡**」就是少，一切的欲望要少，少到極限。儒家和道家的修養，只講到「**寡欲**」，只有佛家做得到完全斷欲。不過要注意的是，佛家的小乘才做絕欲的工夫；大乘不是絕欲，是化欲，到了化境，無所謂寡與不寡，絕與不絕。所以儒家與道家，在幾千年來的爭論中，都是爭論這些話題。

佛家一開始，就是無妄想、除妄念，絕對無欲。儒家認爲這是不可能的，所以摒棄了這個工夫。本來也是如此，一般學佛的，照這個話是做不到的。儒家、道家比較高明，先從「**寡欲**」做起，慢慢減少欲望。實際上佛家也有這個法門，一切的習氣，先到「薄地」，妄念、欲望的力量，本來很強，慢慢使它薄弱，由「薄地」再轉入「軟地」，變成柔軟，沒有力量。例如修道的人，要除瞋念，自己想克制不發脾氣，可是做不到，必須要化欲才慢慢減少，變得薄了，再逐漸變得柔軟，就可以克制了。到這個階段，才是「**寡欲**」，所以養心之道「**莫善於寡欲**」，絕對無欲的理論那麼高，做不到的，反而變成罪過，變成口過，吹牛大王，犯了妄語戒，修行人是不能打妄語的。

孟子說，能夠妄念減少，慢慢少想一點空事，把空想、幻想的範圍縮小，只想幾點切實要緊的事。照這樣訓練自己，修養自己，幻想妄念，自然越來越薄弱了，就會達到禪宗祖師所說「不是息心除妄想，祇緣無事可思量」的境界。這不是說要故意把念頭壓下去，是自然沒有事情可想了。人家說肉好吃，自己根本不想吃了；人家想穿好的，自己不想了，只要不受凍，能蔽體就行了。這是眞的空，看開了，所謂「看破紅塵」就是這個樣子，眞到了心平如水，則妙不可言。

相反的是，有人欲望多，學佛一開始心裡就想：「自己要趕快修行，修成了佛，好去度眾生」。這種欲望就太大太大了，說得好聽，叫做願力，那是對修成功的人而言，對於沒有修成功的人而言，這種想法就是欲望。正像同樣是人，歲數小的叫小孩，壯年叫大人，老了叫老頭一樣。

我們再看秦始皇、漢武帝這兩個人，當皇帝的那種聲威之顯赫，所謂

「大漢之聲威」，站在國家民族的立場看來，的確是不錯；可是當他們年紀大了，快死之前，都想求長生不老，希望永遠活下去，要想作神仙，這個欲望多麼大啊。

只有漢武帝的一個大臣汲黯，這個活寶，憨頭憨腦的對漢武帝說：「陛下內多欲而外示仁義，神仙其可得乎」。漢武帝聽了對他也沒有辦法。不但漢武帝有這個錯誤，老實說許多學道的人，都有這個情形，這樣是修不好的，所以要先「**寡欲**」。

這個結論，同時也是「**堯、舜，性者也**」的詮釋，因爲上古的人，天性寡欲，對於外物的追求很少，自然是天生的聖人之道。

**曾皙嗜羊棗，而曾子不忍食羊棗。**

**公孫丑問曰：「膾炙與羊棗孰美？」**

**孟子曰：「膾炙哉！」**

**公孫丑曰：「然則曾子何為食膾炙而不食羊棗？」**

**曰：「膾炙，所同也；羊棗，所獨也。諱名不諱姓，姓所同也，名所獨也。」**

「羊棗」這個名辭，最早見於〈爾雅・釋木〉篇中，後人的註釋，有的說它實小而圓，紫黑色，俗名羊矢棗；又有人說紫黑色的羊矢棗，本來是柿類，冒用了棗的名稱，但也說，「羊棗」實小而圓。另外更有人說，「羊棗」並不是植物，只是羊的一種內臟，因爲從《孟子》本文上看，並不是菓物，而是菜餚，所以古人的註解，仍成問題。「羊棗」究竟是一個什麼東西，有待考據，但對這裡的文義，不會有多大的影響。

曾晳是曾子的父親，平日喜歡吃「羊棗」，曾子在他父親死後，不再吃「羊棗」這樣東西。這是一個歷史的故事。

有一次公孫丑問孟子：「膾炙」那些烤的、涮的嫩肉，和「羊棗」比起來，哪一樣好吃？孟子說：當然是燒烤嫩肉好吃呀！

公孫丑於是問：那曾子爲什麼專門吃那些好吃的菜，而不吃「羊棗」？

公孫丑這樣問，是話裡帶刺，意思是說，曾晳吃「羊棗」，不會不吃「膾炙」；大家說曾子不吃「羊棗」是因爲孝道，可是爲什麼是不吃「羊棗」而不是不吃「膾炙」呢？大家這種說法，也許有問題吧？但公孫丑到底是聖人的學生，受了道德的薰陶，這種話沒有說出口來，只問孟子，曾子爲何吃「膾炙」而不吃「羊棗」，只這麼輕輕點一下而已。

孟子就告訴公孫丑，因爲「羊棗」是很難做的，只有曾晳歡喜吃，別的人未必喜歡吃，所以曾子看見「羊棗」，就想起自己的父親，當然也不吃。至於燒烤這些菜，因爲好吃，很平常，大家都吃，並沒有什麼稀奇，不能代表他父親獨有的嗜好。所以孟子才引申出來，說明古代「諱」這一禮制的道理。這個制度，《禮記》中的〈曲禮〉上篇有詳細的說明，這裡不引敘，孟子這裡是講的一個原則。

唐代的韓愈，曾經爲這個禮制，專門寫過一篇文章，題目是〈諱辯〉。因爲李賀聽韓愈的勸告，去參加考試中了進士，很有名望。有一個和李賀爭名的人，就指摘李賀，認爲李賀的父親名爲晉肅，晉、進二字是同音同義，

所以李賀當進士是犯諱，不應該的；而且韓愈也不應該勸李賀去參加進士的考試。於是韓愈說，假如一個人的父親名字叫「仁」，那他的兒子就不要作人了嗎？他還舉了許多事例和理由，來爲「諱」的正當道理作辯解。

「諱」就是忌諱、避諱，在古代看得很嚴重。例如唐明皇的諡號爲玄宗，爲了避諱，凡是寫到或說到「玄」字的時候，就改用「元」。在唐明皇以後的書上，許多地方的「元」字就是「玄」字，這是避皇帝之諱。在家庭中，子避父諱，例如父親的名字有一個「懷」字，他的孩子就絕不說懷字，只好說想念、惦念、掛念了。這種禮制流傳到民國初年，還有人遵守的，現在已經沒有了。像現代的「中山路」、「中正路」這類路名，在古代是絕對不可以的，一定要避諱，因爲犯了孫中山和蔣中正的名諱。

孟子這裡說明古代的一個原則，避名不避姓。例如姓張的，開一個店，不禁用開張兩字，因爲「姓」是大家共同有的，不必避諱；「名」是某一人單獨所有的，所以要避諱。

古代避諱的意義，對國君是表示忠，對父母是表示孝，是一種恭敬之心

的表示。所以曾子對於父親所喜歡吃的菜，不想吃，因爲他是大孝子，有深感情、大孝敬心，這是人性的眞情。

# 狂獧的表現

萬章問曰：「孔子在陳曰：『盍歸乎來！吾黨之士狂簡，進取不忘其初。』孔子在陳，何思魯之狂士？」

孟子曰：「孔子不得中道而與之，必也狂獧乎！狂者進取，獧者有所不為也。孔子豈不欲中道哉？不可必得，故思其次也。」

「敢問何如斯可謂狂矣？」

曰：「如琴張、曾晳、牧皮者，孔子之所謂狂矣。」

「何以謂之狂也？」

曰：「其志嘐嘐然，曰：『古之人！古之人！』夷考其行，而不掩焉者也。狂者又不可得；欲得不屑不潔之士而與之，是獧也，是又其次也。

孟子周遊列國，也快回家了。這段書編排在這裡，是有其意義的。在孟子表示要回去以後，他的學生萬章，提出了問題。

孔子的這一段故事，在《論語．公冶長》中曾有記載，這裡萬章提出來問孟子說，孔子當年周遊列國時，感覺其道推行不了，準備回魯國去講學了。當時曾經說：「歸與！歸與！吾黨之小子狂簡，斐然成章，不知所以裁之」。孔子掛念那些學生，說學生之中有兩種態度，一種是「狂」，大概就是現在流行的青少年問題，青少年大半都有傲氣、狂氣，自己都要創新。第二是「簡」，對天下事看得很容易，認爲只要自己來幹，就有辦法。年輕人的心理多半是這樣，非「狂」即「簡」。孔子接著說「斐然成章」，就是指這班學生，雖然如此，但是都有一些成就，每人都各成一種典型。如子貢、子路、顏回等等。因此孔子回去了，然後刪《詩》《書》，訂《禮》《樂》，著《春秋》，作《十翼》，整理中國文化，留給我們現在「五經」的著作。實際上孔子整理中國文化的大典，主要在一部《禮記》，要瞭解中國文化，首先要了解《禮記》。

《禮記》並不是只教人行禮，《禮記》共分三禮，《周禮》《儀禮》《禮記》。《周禮》是講中國政治制度與政治哲學的原始資料；《儀禮》是講人生的儀節、禮貌、生活的規範；《禮記》則包涵得更多，哲學、政治、軍事、教育、社會、經濟、藝術、文學、天文、地理，無所不包，可以說是中國文化淵源的寶典，也就是中國幾千年來，形而上的憲章。所以眞正要了解中國文化，首先要了解內含三禮的這部《禮記》。

《春秋》這部史書，孔子寫來非常得意，也非常痛苦、悲切。他寫完了這部書，最後說：知我者《春秋》，罪我者《春秋》。學好歷史哲學的人，深通作人做事的道理，可以避免生活中對國家民族可能產生的罪過，而走上一條正路。一個人如果學歷史哲學學得不好，只把人性和歷史背後的黑暗面了解清楚，那就很容易學到壞的一面。人學壞以後，就會像晉朝桓溫所說：「縱不留芳千古，也要遺臭萬年」，不管香或臭，只管事功、名位。其實，千古至今比桓溫有過之而無不及的人還有啊！也都是眾所周知的。這是了解歷史的反面以後，修養有偏差，就會出現這種情況，因此孔子說「知我

者《春秋》，罪我者《春秋》」。意思是說如果在千秋萬代以後，有人讀歷史，不懂《春秋》的含義，專門學壞的一面，那我（孔子）就罪過無邊了。

此外，在學術方面，孔子研究了《易經》。他在形而上的哲學思想方面，《論語》中不大看得出來，要深刻瞭解他著的《周易》中的〈繫傳〉〈文言〉等，才會知道。

孔子刪《詩》《書》，在保持文化的感情方面，集中在《詩經》三百篇。當時，因爲各地言語沒有統一，各諸侯國的民風情緒不同，習俗不同，他把各地的民歌、情歌，都蒐集起來，刪除不好的，編輯成這部《詩經》。當然，與現代的詩歌比較，兩者相差很遠。《詩經》中的詩篇，每首每字，都代表了許多觀念與意義，如果讀懂了《詩經》，就能了解古人的思想、情感，與現代人並沒有不同。

另外一部爲《樂經》，內容包括了音樂的法典和國民的康樂生活，後來這部經失傳了。秦始皇燒書只燒了一點點，罪過更大的是項羽，咸陽三月一把火，幾乎燒掉了中國所有的古代典籍；後人卻把罪過統統歸到秦始皇的身上，讓他替人背了黑鍋。其實秦始皇只是把中國文化的典籍，全部集中到咸陽宮，而項羽這個二十幾歲驕狂的年輕人，進到咸陽，一發脾氣，火焚咸陽宮，連燒三個月，天下豐富的文化財產，就這樣被燬了。所以民國以來，有名的才子易實甫，寫詩說項羽：

**二十有才能逐鹿　八千無命欲從龍**
**咸陽宮闕須臾火　天下侯王一手封**

孔子的《樂經》喪失後，有人懷疑《禮記》中的〈樂記〉就是《樂經》，但那只是一小部分，《樂經》不至於那麼簡單。也有人說，後來道家修道的方法，都在孔子的《樂經》中，可惜失傳了。

總之，孔子刪《詩》《書》，訂《禮》《樂》，著《春秋》，作《十翼》，爲我們後世，留下來這些文化的財產。

孔子寫《春秋》，寫到「獲麟」時，就是孔子生命的最後一年，他夢中見到聖廟中在祭祀，而自己也在神座上受別人的祭拜。夢醒以後，他告訴他的學生說，他將要離開人世了；等於釋迦牟尼佛快要涅槃的時候，在定中見一面金鼓，被敲得分裂成五塊。出定以後告訴弟子們，自己將涅槃了，並說將來的佛法，會四分五裂，產生許多派系。孔子與釋迦佛的情形相似，就在這一年，魯國出現了麒麟。古人的觀念，麒麟、鳳凰爲稀有的祥瑞靈物，要在天下大治的太平時代才出來。孔子認定出現的是麒麟以後，非常感嘆的說：在這個亂世，你來幹什麼？這等於說，你在不該出現的時候出現了，那我也該走了，眞是生不逢時，孔子已經深切地感到，無法挽回這個亂世了。

我們了解了孔子晚年的事蹟，再讀這一段書，就知道孟子說這個話的時候，也是在周遊列國之後，看到時代無可挽救，準備捲舖蓋，要回家鄉去了。更妙的是，這裡沒有明說，是由萬章發問而提出來的。

萬章說當孔子在陳國的時候，曾經說：「**盍歸乎來**」。這個「**盍**」字，是一個虛字，是說話前的一個語助辭，所以叫做發語辭，像是一聲嘆息。等於現代說話時，首先說的「那麼」、「這個」、「唉」、「嗯」等等聲音，有若干躊躇的態度。此字也可解釋爲「何不」的意思。我們看了這幾個字，可以知道，古人的文章也是抄來抄去的，後世晉朝陶淵明寫的「歸去來兮」，就是從這裡抄來的。

孔子的意思是說：唉！我們回去吧！或說：我們何不回去呢！想到回家鄉去，也就想到他的那些學生，前面已經略作解釋，但是有一句話，在《論語》中沒有記載，只是在這裡由萬章說了出來，就是孔子說「**進取不忘其初**」。一個人讀書到大學畢業，乃至繼續深造到博士學位，踏進社會的第一步，準備做什麼？這是「**進**」；而「**取**」，是準備在這人生中走哪一條路，做一番怎樣的事業，合起來是「**進取**」。一個知識分子，應該「**進取不忘其初**」，當一動念開始考慮的時候，不要喪失自己孩童時的那份純潔，不要忘了原來的最初的本心。

我們都知道，年輕人的抱負很大，看天下國家大事也很簡單，這就是「**狂簡**」。當然，「**狂簡**」並沒有錯，因爲「**狂簡**」的心理比較純潔；後來久了，染污比較多，染污多了，原來的初心就被矇蔽了，變樣了。所以學問並不是知識，知識反而是最厲害的染污，知識越多，心中的染污越大。學問是自己作人做事時的心，那是個天然純潔的童心，是小孩子坦然、純潔可愛的童心，那就是初心。

孔子說他的學生們「**進取不忘其初**」，這是一般人最難達到的修養工夫。一個人在人生的路途上，不管自己的功業成就多大，能夠「**進取不忘其初**」，是很難很難做到的。例如明朝開國的帝王朱元璋，由一名小和尚而達到皇帝之位；宋朝的開國皇帝趙匡胤，也是由小軍官做起，最後當了皇帝。清朝的順治皇帝曾經說過，「勿忘初心」，意思是：皇帝也是人，沒有什麼不同，不必把皇帝抬得太崇高了。這也正因爲他們當了皇帝，氣度到底與一般人不同，但是在他們的心理上「**不忘其初**」，就是要平凡、平淡，不要被染污了。

所以中國古代做官的人，退休後所作的詩文，往往有「依然還吾是初心」這一類的句子與思想，做了幾十年官，做了幾十年的事業，現在回到鄉下去，種種花，鋤鋤草，養養老，此心還是和童年時候出來讀書時一樣。還有一句話是「還我初服」，意思是：本來是一個鄉下的小孩，當年出來，穿了一件破破爛爛的學生裝，幾十年來曾任各級的官吏，乃至地位到了一人之下，萬人之上，穿過了紫袍、紅袍、藍袍、綠袍，各級的官服，現在年紀大了，辭官回家，脫下了那些錦袍玉帶，回到故鄉。還鄉後穿回以前的布衣裳，沒有架子，像是沒有做過大官，沒有建立過大功業的樣子，清閒自在，和兒時的同伴往來，坦率誠懇，無有掛礙，其樂融融。

所以在這裡，特別將這句話提出來，希望今日的青年，能夠懂得這個道理，當完成學業，踏入社會的時候，能夠「**進取不忘其初**」。

萬章現在對孟子提起孔子的這幾句話，也是因爲對當時所處時代的感慨，所以故意提出來問孟子。他言外之意，等於說：老師，我們還是回去種田吧！這個時代，已經沒有辦法挽救了。不過萬章問孟子一個問題：孔子當年在陳國的時候，爲什麼會想到自己魯國的那一班學生呢？

孟子說：「**孔子不得中道而與之**」，孔子當時認爲那個時代，沒有辦法挽救了，因爲人心沒有辦法挽救了。時代到了某一趨勢，整個社會都是同一個思想，就算其中有一兩個人高明，也抵不住時代思想那個潮流；說是用暮鼓晨鐘，青磬木鐸去敲醒，其實把磬打破，木魚打扁了也沒有用，敲不醒的。所以孔子感到「**不得中道而與之**」，不能夠符合道德、道理而行，因此想起了自己的那一班學生。這一班三千弟子也蠻可愛，至少有兩種典型。一種是「**狂**」，一種是「**獧**」。

在《論語》上，「**狂**」是和狷連在一起講的。所謂狂狷，狷就是狷介，個性非常方正，內向而帶一點孤僻，你的是你的，絕對不想佔你絲毫便宜。有人恭維他非常好，他會答覆說：「我有什麼好？別亂講」。「**狂**」的人就是子路這一型人，孔子問他的志願，他說「願車馬，衣輕裘，與朋友共，敝之而無憾」。照現在的生活，是坐最豪華的汽車，穿最漂亮的貴重衣服，凡是我的朋友，也都有這種生活，由我負責，穿用壞了就算了，一點不在乎，這就是子路「**狂**」的味道，氣魄非常大。所以最後，他可以爲仁義，爲忠貞，死就死，爲衛國而戰死。在臨死之前，雖一身創傷，血漬滿襟，他想起孔子的教訓，還是坐得端端正正，戴好頭盔，整理好戰袍，莊嚴謹肅地死去。

孟子這裡所提的「**獧**」，就是狷，狷介的人，那是絕對有超然獨立品格的。但這個品格的標準是：我要自由，你也要自由；你的東西我不碰，你的範圍我不侵入。

孟子說：孔子知道這個時代無法挽救，寧可回去，找這幫「**狂獧**」的學生。「**狂者進取**」，狂者能夠努力向前走，不管任何艱難困苦，非衝破不可！沒有灰心。不會像現在的青年，規矩是很規矩，功課也很好，深度近視，在路上貼牆角走，畏畏縮縮的。「**狂**」的人自有他的氣魄，不低頭，不灰心，永遠前進，永遠努力。

「**獧者有所不為**」，狷介的人，是有所爲，有所不爲，他認爲不該做的事，寧死也不做。像文天祥等等，不投降就是不投降，違背了人格的事，絕對不幹；說不幹要殺頭，他說沒關係，一個頭不過六斤四兩重，要拿便拿去。

孟子說：孔子當時，難道不希望青年得其「**中道**」嗎？「**不可必得**」，他找了一輩子，也沒有找到，因此想想，還是自己這幫學生，算是不錯了，於是下決心回去，還是教育他們去吧！

萬章於是又禮貌恭敬的問：「**敢問何如斯可謂狂矣**」，請原諒我的大膽，敢於打斷您老人家的話，請問一下，什麼是「**狂**」的標準？

孟子說：像孔子的學生琴張、曾晳、以及牧皮這幾個人，他們的態度，可以說就是「**狂**」了。

琴張最好的朋友子桑戶死了，大家去弔喪，都很憂傷，有的流淚哭了。琴張也去弔喪，他卻說：你走了，好吧！我唱一支歌送你。他靠在門上就唱起歌來，唱完歌就走了。

曾晳也是這樣，季武子死了，他也是去唱歌，因爲他們已經「了生死」，看透了生死，生死只是一種形態，他們知道這個朋友的道德、學問、修養，仍舊存在，所謂「靈魂不滅」，精神沒有死，所以曾晳不像一般人那樣，哭著送他走，而是唱歌送他走，氣魄有如此之大。人生最痛苦，最難受的是生離死別，在這個時候，能處之泰然，不是一般人做得到的。

孔子、孟子，則說這是「**狂**」，而禪宗大師中，這些情形很多。例如南宋的大慧杲禪師要涅槃時，徒弟對他說：師父你還不能死。大慧杲說：爲什麼？徒弟說：自古以來的宗師，涅槃的時候，都留有偈子，你老人家還沒有留偈子。他拈起筆來，大聲呵斥道：沒有留偈，就死不得啊？這就是「**狂者**」。

孟子告訴萬章，像琴張、曾皙、牧皮等人，就是「**狂者**」，萬章仍不懂，又問：那怎麼叫做「**狂**」呢？

孟子說：所謂「**狂**」的人，胸襟宏大，同天地一樣，意志「**嘐嘐然**」，其思想境界，擴大得像宇宙一樣，包羅萬象。

胸襟宏大是很難的，並不是肺活量大，也不是胸圍寬；而是思想上器量大，對什麼都不在乎。曾經有一個人，手掌都被機器壓傷了，送到醫院去，那是在幾十年前，醫療技術、設備、藥物都還落後。醫師診斷後，告訴他要從上臂胳膊部位切除。他問如果不切有什麼後果，醫生說，不切可能有生命危險，他就吩咐醫生替他切。小醫院一時找不到麻醉藥，他叫醫生不必上麻醉，動手術硬切好了。他就自己坐著，伸手給醫生做割切手術，痛得他全身直冒汗，可是一動也不動。後來只說了一句話：「切快一點好吧」，這是他痛得太厲害時說的。事後有人問他，失去一條手臂傷心不？他說，這有什麼好傷心的，反正傷心也得切，不傷心也得切，已經切得夠痛的了，如果再加上傷心，就太不合算了。

這就是「**嘐嘐然**」，雖然這是一件小事，可也得靠寬大的胸襟和器度。有些小姐們，看見一隻蟑螂，也尖聲高叫連眼淚也掉下來，嚇成那個樣子，就和「**狂**」極端相反了。

萬章一聽就說：這只是古代的人啊，現在的人心量越來越狹窄了，一點點事情，心裡都放不下去，被人多看了一眼，就會生氣殺人，沒有胸襟可談了。不過話說回來，幾十年前，聽老一輩的人說，「人心不古，江河日下」，我們心裡非常反感；但沒過一、二十年，現在我們這一輩也有許多人說，「人心不古，江河日下」。其實也沒有什麼古與不古，行與不行，說這個時代不行的人與這個時代最不行的人，也都照樣的活下去，太陽照樣從東邊出來，人類就是這麼一回事。

孟子又對萬章說，這種人的胸襟，是令人嚮往的，毫不藏私，他的情感、思想，和太陽一樣光明，掩蓋不住，這是「狂者」。

孔子的學生中，「狂」的沒有幾個。他最愛的學生，當然是顏回、子路、子貢、曾子等等少數的幾個。子路雖「狂」，可是狂得並不算高明；第一個夠得上「狂」的是子貢，有時候他對於孔子的話，並不完全言聽計從。那個時候的觀念是輕商的，但是子貢發展他的生產事業，一邊走他的商道之路，一邊做他的學問，孔子雖不完全贊成，但也不阻止。在《論語》中記載，孔子有一次說：「賜不受命，而貨殖焉，億則屢中」。就是說子貢有時候不大聽我的話，連我也把他沒有辦法，但是他去做生意，只要他估計認爲對的，就一定是對的。所以孔子晚年的生活，我認爲大部分都是子貢供養的，子貢有的是錢，什麼官也不做，什麼也不幹，他玩他的財富。孔子死後，三千弟子服心喪三年，子貢則廬墓三年，守了三年墓（《史記》謂六年）。據堪輿家的傳說，孔子在曲阜的墓塋，也是子貢勘的風水。最初有人選的是後世漢高祖所葬的陵寢，子貢去看了以後說，這個地方大不了葬一代帝王，不配葬我們老師，我們老師是萬世之師，是精神王國中永遠的王，於是選了曲阜這處地方。不過，子貢也說，曲阜的地，每逢某一個時代，會令孔門有女禍，需要小心，但決不會妨礙夫子的聖德。於是同學們才決定把孔子葬在曲阜。

孔子在世的時候，有一次齊國來打魯國，孔子自己的國家受到侵害，只好準備親自出馬，要救自己的國家。子貢覺得老師年事已高，不宜親自出面，因此說：老師，還是我去吧。孔子聽了非常高興，知道他出面一定可以爲魯國解圍，於是子貢就出去辦外交。子貢先後去了吳、越、晉等諸侯國，看清形勢，先後挑起了齊、吳、越、晉的矛盾，反而解除了魯國的危難。他自己若無其事地回到魯國。他有的是本錢，第一國際之間友人多，第二在路上一面辦外交，還可能一面做國際貿易，賺人家的錢。他的外交策略與手法，豈是後來的蘇秦、張儀之流可以比擬！這是子貢的「**狂**」。相形之下，子路的「**狂**」，則是小的了。

第二個「**狂者**」是原憲，他曾經替孔子管過總務。孔子死後，他退居在草莽（平民社會）之間，還有一幫人跟著他，等於草莽英雄的頭子。可是他自己穿得破破爛爛，並無任何物質享受。子貢也最喜歡這個同學，到處去找他，終於打聽到他的住處，帶了許多隨從，到一處貧民窟裡，挨戶尋找，最後原憲從一個低矮的茅草棚裡鑽出來。子貢看見他面有菜色，穿的住的都這樣破舊，就對他說：師兄，我看你很窮嘛！他說：我不窮，只是我有病。子貢問他生什麼病？他說：時代病，於是大罵子貢一頓說：老師死了以後，世界亂成這個樣子，我們對社會、國家、世界，毫無貢獻，不能行老師的道，你還有心腸擺這副「後車千乘，食前方丈」的排場與我相見嗎？你走吧！子貢原來想送點錢給他用的，不料挨他一頓訓，這是子貢一輩子沒有遇到過的，他被罵得滿臉通紅，但也很佩服原憲這種狂狷的氣度。

孟子說：求「**狂者**」既不可得，就求那些「**不屑不潔之士**」，也就是「**獧**」者，所謂狷介之士。不乾淨的錢財他們是絕對不取，不乾淨的事絕對不屑去做的人。這些人好是好，他們抱「獨善其身」的主張，把自己弄得乾乾淨淨，其他的一概不管，比「**狂**」的又差了一層。但這兩種人，都是可愛的，或走這個「**狂**」的極端，或走那個「**獧**」的極端。其餘的一般人，叫作

「無所不爲」，走什麼路都可以，那就不必談了。

# 鄉原的表現

孔子曰：『過我門而不入我室，我不憾焉者，其惟鄉原乎！鄉原，德之賊也。』」

曰：「何如斯可謂之鄉原矣？」

曰：「『何以是嘐嘐也？言不顧行，行不顧言，則曰：「古之人！古之人！」行何為踽踽涼涼？生斯世也，為斯世也，善斯可矣。』閹然媚於世也者，是鄉原也。」

萬章曰：「一鄉皆稱原人焉，無所往而不為原人；孔子以為德之賊，何哉？」

曰：「非之無舉也，刺之無刺也；同乎流俗，合乎汙世；居之似忠信，行之似廉潔；眾皆悅之，自以為是，而不可與入堯舜之道，故曰德之賊也。孔子曰：『惡似而非者；惡莠，恐其亂苗也；惡佞，恐其亂義也；惡利口，恐其亂信也；惡鄭聲，恐其亂樂也；惡紫，恐其亂朱也；惡鄉原，恐其亂德也。』君子反經而已矣。經正，則庶民興；庶民興，斯無邪慝矣。」

這裡還是上面所述，孟子與萬章師生之間的那一次對話，討論了狂、獧問題之後，萬章緊接著，又提出一個中國文化的基本精神問題。

萬章首先引用孔子所說關於「**鄉原**」的話，去問孟子，什麼樣子才是「**鄉原**」？「**鄉原**」是我國文化中一個特有的名稱，現在我們談話時，也常常會說到這個名稱。

他說：孔子曾經說過，「**過我門而不入我室**」，對於經過我的門口，而不進來的人，我對他們當然遺憾，只有「**鄉原**」這種人，我是不會遺憾的，因爲「**鄉原，德之賊也**」。請問，什麼才叫做「**鄉原**」？

孟子說，「**鄉原**」這種人，有知識，也受過教育，好像學問、人品也不錯，可是沒有建立人生觀，沒有人格，平常卻信口批評聖人。這一類人，「**言不顧行，行不顧言**」，說了一些堯舜之道，事實上又做不到，而他們的行爲非狂即狷，又不能和他們口中所說的堯舜那樣。他們把古人都抬出來，如何如何，自己卻不作堯舜，只叫別人當堯舜，「**嘐嘐然**」，嘴裡的大話很多，一輩子想救世界，教化人，結果沒有人同路，也沒有人眞信他。這類人認爲，一個人活在這個世界上，要顧到現實，自己一輩子活得好就可以了。

孟子說：這一類人，不但向現實低頭，而且還「**閹然媚於世**」，討好現實。後世的人叫這種人爲「阿世」，態度「**閹然**」，不男不女，沒有自己的人格與精神，如風吹兩邊倒的牆頭草，沒有中心的人品。假如是在現代的會議席上，當爭議發生時，他會說雙方的意見都好，大家綜合一下就好了，這就是「**鄉原**」。他沒有對就說對，不對就說不對的氣魄。反正他不得罪人，也怕得罪人，如果罵他兩句，他會說：你大概有點誤會，我們都是好朋友，你罵兩句也沒有關係。

萬章說：老師，你這樣一說就怪了，「**原人**」是好人，一鄉的人都說他是「**原人**」，一個人在一鄉黨之中，如果做到被公認爲藥中甘草，是和事佬，不反對別人的意見，以別人的意見爲自己的意見，人云亦云，貌似良善的話，孔子爲什麼會說他是道德之賊呢？

孟子說：這種人「**無舉也**」，別人罵他是賊，都反對他，他也不臉紅，不難過。「**刺之無刺也**」，他軟癱癱的，正如禪宗祖師罵人：「皮下無血」，是涼血動物，沒有血性，刺他一下，不痛不癢。「**同乎流俗，合乎汙世**」，別人覺得怎樣好，他也就怎樣好。人說不可以穿長袍，他明天就脫了。「**居之似忠信**」，表面上看起來，好像是忠信；拜託他事情，滿口答應，過了好幾天卻毫無消息，再去問他，他說慢慢來，再想辦法。請他寫封介紹信，他也滿口答應，不管有效無效，反正他作好人，寫了算了。「**行之似廉潔**」，他的行爲看起來，似乎也乾淨，送他一點東西，他說不好意思收，不要，不要，但小的不要，大數目也可以要。

幾十年前，這類人被稱作「湯圓」，抗戰時期在四川，聽到人們叫這類人「水晶猴子」。有事時，想到某人是「湯圓」，就說把湯圓找來，事情好辦，因爲湯圓又圓又軟，任人挪拿，對於這種作風，他還自以爲很對，作人成功了，絕對不講人生的大道理。總之一句話，這種人，看上去有學問，有知識，以不得罪人爲原則，面面討好，沒有是非觀念。當然，他心裡對於是非明白得很，但他的行爲，並沒有是非觀念。閩南人叫做「搓湯圓」，上海人叫做「和稀泥」。

在李宗吾的《厚黑學》中，最後就說到這種人；孔孟之道痛恨這種人，但是時代到了某一階段，這種人是非常多的。所以人生之道，在儒家是道德，就是佛家的戒律；戒律的道理，就是明辨是非，明辨善惡，任何思想行爲，不可以馬虎。儒家堅持人格、道德必須要有自己的標準，不可以苟且，不可以忽視，否則就是「**鄉原**」。

「**鄉原**」之所以是「**德之賊**」，因爲「**鄉原**」的作風，和道德的行爲，在外表上差不多，很相像，那就是《西遊記》上，孫悟空在小雷音寺，遇到鄉原佛，也上了當。孫悟空這個水晶猴子，那麼聰明剔透，遇到任何妖怪也不吃虧，只有遇到這個與眞佛很像的假佛——鄉原佛，他吃了虧上了當。

孟子說：孔子曾說過，一個時代，不論文化、學說、社會、政治，乃至做生意，最討厭、最可怕的是：大概、好像、差不多等等，簡直分辨不出是肯定還是否定，實際上這就是大奸大惡。「**惡莠，恐其亂苗也**」，就像種田的人，要將莠草、稗子拔掉，以免混亂了眞正的秧苗。「**惡佞，恐其亂義也**」，這種奸佞的人，見風轉舵，看起來很像夠朋友，做事適當，而往往是助人之惡。「**惡利口，恐其亂信**」，能說會道，擅長辯論，一張口說話，歪理千條，一句話可以把一個國家，送到滅亡的路上。「**惡鄭聲，恐其亂樂也**」，那種靡靡之音，聽起來很好聽，但對整個社會風氣，影響太大。「**惡紫，恐其亂朱也**」，古代認爲朱——紅色，是正色。現在所說的原色，其實在我國幾千年前，已經有了顏色的分類，確立了原色和變色的原理。紫色爲變色，但是很悅目，把朱這種正色的光華，在視覺上遮蓋了。

後來清朝人們作文章、說話，都不敢引用「**惡紫，恐其亂朱也**」這句話，因爲清代有人作了一首賞紫牡丹的詩，引用了這句話說「奪朱非正色，異種亦稱王」。照理說，上一句是引用這句話，詠花的顏色；下一句因牡丹花素有花王之稱，這兩句詩，用來詠紫色的牡丹，用典是最爲貼切的了。可是滿清入關，推翻了明朝，而明朝的皇帝，又剛好是姓朱，所以就有人指爲是譏諷朝廷，報告到滿清皇帝那裡，而興起誅九族的文字大獄。另外還有人的詩中有「清風不識字，何事亂翻書」的句子，同樣被認爲有反清的思想，因而大興文字之獄。這是講到這一段想起的故事，順便提一下，當然與《孟子》的本文，並沒有關聯。

《孟子》這裡又引用孔子「**惡似而非者**」的話，最後一句是「**惡鄉原，恐其亂德也**」。中國文化是絕對反對「**鄉原**」的，教育的目的，是建立一個人格；知識只是謀生技能的養成，千萬不要變成「**鄉原**」。自古以來，知識多了以後，很容易走上「**鄉原**」的路。

所以君子之道「**反經而已矣**」，「**反經**」不是反對經，而是返回正常。韓愈的學生李翺，學了禪宗以後，了解了人性本性的道理，寫了一篇題名〈復性〉的文章，復性就是「**反經**」。「**經**」就是常，就是正。社會到了混亂的時候，一個知識分子的醒悟，能夠使文化、思想、風氣，從混亂中返回到正常，就是「**反經**」。所有的知識分子都能「**反經**」，則「**經正**」，人生的常道一正，「**則庶民興**」，所有人類社會，都跟著走上正路了，邪見自然沒有了，奸佞的人也沒有了。

# 孟子的感慨

**孟子曰：「由堯、舜至於湯，五百有餘歲，若禹、皋陶則見而知之，若湯則聞而知之。由湯至於文王，五百有餘歲，若伊尹、萊朱則見而知之，若文王則聞而知之。由文王至於孔子，五百有餘歲，若太公望、散宜生則見而知之，若孔子則聞而知之。由孔子而來至於今，百有餘歲，去聖人之世若此其未遠也，近聖人之居若此其甚也，然而無有乎爾！則亦無有乎爾！」**

這一段是全部《孟子》的結論，最後這一段是孟子的感慨。在前面〈公孫丑〉章，孟子曾經提到過：「五百年必有王者興，其間必有名世者」，這裡，孟子的話，說得更具體了。

孟子說：從唐堯到商湯這五百多年間，其中的大禹和中國法治的始祖皐陶，他們道的成就，「**則見而知之**」，是靠修養來的，人生的經驗多了，學識豐富了，知道回轉來找這個道。商湯又差一點，他是「**聞而知之**」，由上古留下來的文化教育，才知道回歸本性。後來佛學中經常說到的一個名辭「聲聞眾」，就是聽了佛法，學了佛法，是由佛經告訴我們如何學佛，乃至於修道成佛，都是「聲聞」而來，不是自己悟出來的，不是無師自通的。像堯舜，就是無師自通的。

由湯至文王，五百餘年，又是一個歷史的大起落、大轉變，其間有伊尹、萊朱，這些名宰相，他們也是「**見而知之**」的；文王則是「**聞而知之**」。再由文王到孔子，又過了五百年，其中姜太公、散宜生是「**見而知之**」。孔子是「**聞而知之**」，是秉承傳統文化的啓示而來的。

孟子又說，由孔子到現在，只有一百多年，距離孔子的時代不算遠，尤其我是鄒地人，和孔子的家鄉也很近。「**然而無有乎爾！則亦無有乎爾**」，在我這一生，卻一無所成，想想我未來的日子也不多了，將來也不會有什麼了。

這一段是孟子非常大的感歎，好像白活了一輩子，對人類社會也沒有什麼貢獻。

回想他在〈公孫丑〉章中曾說：「五百年必有王者興，其間必有名世者」的時候，最後還說：「如欲平治天下，當今之世，舍我其誰也」。他的話，當時是很勉勵自己的，可見那是中年時候說的；而這次他說「**無有乎爾**」，是在晚年說的。

「五百年必有王者興」這句話，是由孟子明確提出來的。而在中國文化中，五百年是歷史文化命運的大關鍵，三十年爲一世，這一世當中有一個變化；六十年爲一個花甲，兩個花甲是一百二十年，又是一個變化；而一個花甲有五紀，即十二年爲一紀，在「世」與「紀」的當中，又都有小的變化。六十年中小變化，一百二十年大變化，五百年更大的變化。

有一年，我曾在孔孟學會講「五百年而後王者興」的問題，上古史因資料不全，暫不去說，從周文王到孔子爲五百年算起，是第一期。到現在一九七九年，已經是二十世紀末期，從二十一世紀開始，剛好是第六個五百年開始。孔子以後這個五百年，中間就是漢朝統一，漢武帝跟董仲舒整理文化，這是第二個五百年。由漢武帝到達摩祖師到中國來，禪宗的傳入爲第三個五百年，然後由達摩祖師到宋儒的興起，是第四個五百年。理學家的興起到王陽明的學說影響整個東方民族，爲第五個五百年。由王陽明到現在四百多年，這個歷史的大命運，是一個關鍵，所以講算命啊，我們這個民族，交運脫運之間，是很苦的。在這個過來以後，你們青年一代，現在就要努力，未來五百年的命運，操之在你們的手裡。不過要看你們能不能挑得起，五百年的命運能不能做一個黏膠，把這中間連起來黏住，假設你們還不能做個黏膠，前後就連結不起來了，中華文化斷了怎麼辦？所以看青年同學哪一位能夠充實自己，能夠眞正挑得起來，才能承先啓後，繼往開來。因此關於《孟子》的最後一段，說到五百年，不免有這麼一個感想。

我們今天把《孟子》匆匆做一個結束，這次講《孟子》的一件工程，算是完成了。

# 孟子與盡心篇

定價・320元

講　　述・南懷瑾

出版發行・南懷瑾文化事業有限公司

　　　　　網址：www.nhjce.com

代理經銷・白象文化事業有限公司

　　　　　412台中市大里區科技路1號8樓之2（台中軟體園區）

　　　　　出版專線：（04）2496-5995　　傳真：（04）2496-9901

　　　　　401台中市東區和平街228巷44號（經銷部）

　　　　　購書專線：（04）2220-8589　　傳真：（04）2220-8505

印　　刷・基盛印刷工場

版　　次・2014年6月初版一刷

　　　　　2017年7月初版二刷

　　　　　2020年7月二版一刷

設計編印

白象文化

www.ElephantWhite.com.tw

press.store@msa.hinet.net

總監：張輝潭　專案主編：林孟侃

國家圖書館出版品預行編目資料

孟子與盡心篇／南懷瑾講述．--初版．—臺北市：
南懷瑾文化，2014.06
　面：　公分．

ISBN 978-986-90588-2-7（平裝）

1.孟子　2.注釋

121.268　　　　　　103006812

為保衛民族文化而戰